THORSTEN SCHLEIF

DARF MAN EIGENTLICH
ZOMBIES
TÖTEN?

UNVERZICHTBARES RECHTSWISSEN
FÜR FILM- UND SERIENJUNKIES

WILHELM HEYNE VERLAG
MÜNCHEN

*Der vorliegende Rechtsratgeber für Film- und Serienjunkies
ist eine Hommage, ein Ausdruck der Wertschätzung und
Ehrerbietung an 50 Jahre Film- und TV-Momente und deren
unvergessene Protagonisten und Themen.*

Penguin Random House Verlagsgruppe FSC® N001967

2. Auflage
Copyright © 2023 by Thorsten Schleif
Copyright © 2023 dieser Ausgabe
by Wilhelm Heyne Verlag, München,
in der Penguin Random House Verlagsgruppe GmbH,
Neumarkter Str. 28, 81673 München
Printed in Czech Republic
Redaktion: Sven-Eric Wehmeyer
Umschlaggestaltung: Das Illustrat, München
Illustrationen (Cover und Innenteil):
Das Illustrat, Gino Faglioni, München
Satz: satz-bau Leingärtner, Nabburg
Druck und Bindung: PBtisk, a.s., Příbram
ISBN: 978-3-453-42852-2

www.heyne.de

Für meinen Bruder –
You're gonna need a bigger boat.

VORWORT

*D*arf man eigentlich Zombies töten? Wie »im Namen von Zeus' fettem Arsch«[1] kommt man als (mehr oder weniger) seriöser Jurist auf die Idee, ein Buch mit diesem Titel zu schreiben? Dafür muss ich etwas weiter ausholen. Um ehrlich zu sein: Ich war schon immer ein wenig sonderbar – meine Frau würde es »verhaltensauffällig« nennen. Nicht etwa, weil ich ein riesiger Filmfan, vielleicht sogar schon ein Cineast bin, der stundenlang über einzelne Szenen, sogar winzige Teile einer Szene von *Der weiße Hai*, *Der Pate* oder *Krieg der Sterne* diskutieren kann. Sondern weil ich darüber hinaus dazu neige, Charaktere und Handlungen von

---

1 Vgl. Dr. Stanley Goodspeed, *The Rock – Fels der Entscheidung*, 1996.

Filmen und Serien rechtlich zu bewerten. Hast du dir schon jemals überlegt, ob John McClane alias Bruce Willis in Minute 110 des zweiten Teils der *Stirb-langsam*-Reihe[1] einen Mord mit gemeingefährlichen Mitteln begeht, als er das aus der Boeing 747 auslaufende Kerosin mit seinem Feuerzeug in Brand setzt und dadurch das Flugzeug – gesteuert von dem legendären Franco Nero als General Esperanza – zur Explosion bringt? Falls nicht, besteht für dich noch Hoffnung. Falls doch, kann ich dir zweierlei versichern. Erstens: Du wirst dieses Buch lieben. Und zweitens: Wir sind nicht allein! Und damit kommen wir zu der Entstehungsgeschichte dieses Buches.

Eines Tages erreichte mich die Frage eines begeisterten Fans von *The Walking Dead* über einen meiner Social-Media-Kanäle. »Herr Richter, darf man eigentlich Zombies töten?« Von dieser Frage war ich sofort begeistert. Bisher hatte ich auf TikTok und Instagram stets nur klassische juristische Themen behandelt – warum nicht einmal eine verrückte Rechtsfrage mit allem nötigen Ernst und juristischem Hintergrund beantworten? Nach vier bis sechs Outtakes, die einem plötzlichen Lachanfall geschuldet waren, gelang mir schließlich ein kurzes Video. Es erzielte innerhalb kürzester Zeit mehr als 400 000 Aufrufe und über 32 000 Likes bei TikTok. Weitere verrückte Fragen zu Filmen und Serien folgten. Benötigt ein

---

1 Vgl. *Stirb langsam 2*, 1990, Minute 110.

Lichtschwert einen Waffenschein? Wem gehört der eine Ring? Darf man die Bundeswehr gegen Godzilla einsetzen?

Auch nach einem guten Dutzend dieser Videos riss das Interesse nicht ab – im Gegenteil, ich kam mit der Beantwortung der Fragen und Kommentare kaum mehr hinterher. Wenn so viele Nutzer von TikTok Freude an der Beantwortung verrückter Rechtsfragen zu Filmen und Serien haben, warum sollte man hierzu dann nicht ein ganzes Buch schreiben? Ein Buch, das die witzigsten und verrücktesten Fragen zu *Star Wars*, *Herr der Ringe*, *Harry Potter* und den *Avengers* beantwortet.

Von dieser Idee bis zum fertigen Buch war es allerdings ein langer, beschwerlicher und anstrengender Weg. Allein die Recherchearbeiten zu Kapitel II: »*Der Herr der Ringe* und Jon Schnee« beliefen sich auf einen zeitlichen Umfang von mehr als einhundertzwanzig Stunden. Einhundertzwanzig Stunden aufmerksamen und höchstkonzentrierten Filmstudiums: *Herr-der-Ringe*-Filmtrilogie, *Hobbit*-Filmtrilogie (beide natürlich in der jeweiligen Extended Version), *Der Herr der Ringe: Die Ringe der Macht*, *Game of Thrones* Staffel 1 bis 8. Diese zeitaufwendige Recherche zwang mich widerstrebend dazu, wichtige Termine zu vernachlässigen: Rasenmähen, Garage aufräumen und Besuche bei den Schwiegereltern zum Beispiel. Doch diese Opfer und die Zeit der Mühsal und Entbehrungen haben sich letztlich bezahlt gemacht. Sie führten zu jenem Buch, das du jetzt gerade in deinen Händen hältst. Jedenfalls zu einem Buch, das man an der ein oder anderen Stelle möglicherweise nicht ganz so ernst nehmen sollte. Oder vielleicht gerade doch, denn »die einzigen Dinge, über die es sich lohnt, ernsthaft zu sprechen, sind lustige Dinge«.[1]

Und so wünsche ich dir auf den folgenden Seiten:
Viel Spaß! Ganz im Ernst.[2]

---

1 Vgl. *Dr. med. Hiob Prätorius*, 1965.

2 Es wird darauf hingewiesen, dass die Anwendbarkeit deutschen Rechts in den folgenden Kapiteln unterstellt wird.

TEIL

VON ZOMBIES, WERWÖLFEN UND VAMPIREN

DARF MAN EIGENTLICH
ZOMBIES
TÖTEN?

Die Zombieapokalypse rückt unaufhaltsam näher. Erste Anzeichen gab es bereits während des Zweiten Weltkrieges. Insbesondere die umfassenden Einsatzberichte des US-Soldaten William Joseph Blazkowicz aus dem Jahr 1943 hätten Warnung genug sein sollen. Jedoch beseitigte erst der bekannte Barbra-Zwischenfall im Jahr 1968[1], von dem weite Teile des Ostens der Vereinigten Staaten und vor allem die Städte Pittsburgh, Philadelphia und Miami betroffen waren, letzte Zweifel bzw. die letzten Zweifler selbst.

Seit jener Zeit erfreuen sich informative Dokumentarfilme über Zombie*innen großer Beliebtheit, nicht nur in der einschlägigen Fachwelt. Zu nennen sind insbesondere die filmischen Beobachtungen der renommierten

---

1 Vgl. *Die Nacht der lebenden Toten*, 1968.

Wissenschaftler Amando de Ossorio[1] und George A. Romero[2] der Siebzigerjahre. Aber auch über fünfzig Jahre nach den Ereignissen um Barbra, Ben und die Familie Cooper erfahren wir durch viel beachtete Lehrfilme wie *World War Z* und *Zombieland*, aber auch die an die beliebte Kinderserie *Es war einmal … das Leben* erinnernde Reihe *The Walking Dead* eine Menge über das Leben der Zombie*innen, vor allem dazu, was sie anlockt und wie man sie (endgültig) wieder loswird.

Bei allem nötigen Respekt für die großartigen Werke von de Ossorio, Romero und Boyle[3] muss jedoch darauf hingewiesen werden dürfen, dass rechtswissenschaftliche Aspekte bei der filmischen Ausarbeitung vernachlässigt wurden, insbesondere die Frage:

---

1 Vgl. insbesondere *Die Nacht der reitenden Leichen*, 1971.

2 Vgl. *Zombie – Dawn of the Dead*, 1978.

3 Vgl. *28 Days Later*, 2002.

DARF MAN EIGENTLICH ZOMBIES TÖTEN?

Denn was – um es einmal salopp zu formulieren – helfen Armbrust, Machete und detaillierte Kenntnisse der Zombieanatomie, wenn anschließend dem Untote tötenden Lebenden lebenslang droht?

DER MENSCH BLEIBT MENSCH …

Tatsächlich ist die dauerhafte Beseitigung eines unerwünschten Untoten strafrechtlich höchst bedenklich. Denn auch ein Zombie war unstreitig einst ein Mensch im Sinne des Strafgesetzbuches, und er bleibt es bis zu seinem Hirntod, der strafrechtlich erst mit dem irreversiblen Erlöschen der Gesamtfunktion von Großhirn, Kleinhirn und Stammhirn vorliegt.[1] Gerade das Stammhirn funktioniert bei Zombie*innen allerdings ganz ausgezeichnet. Dies erfährt der aufmerksame Zombiebeobachter nicht nur während eines Tages der offenen Tür des unterirdischen Labors der Umbrella-Corporation in bzw. unter Racoon City[2], sondern auch bei einer Führung des ebenso charmanten wie lebenslustigen Dr. Edwin Jenner im Zentrum für Seuchenkontrolle in

---

1 Herrschende Meinung, vgl. Schönke/Schröder, Strafgesetzbuch, 30. Auflage 2019, Rn. 19 Vorbemerkungen zu den §§ 211 ff. m.w.N.

2 Vgl. *Resident Evil*, 2002.

Atlanta[1]. Ob die Funktion des Stammhirnes eines Untoten für einen kurzen Zeitraum erloschen war, ist insoweit unerheblich, da dieser Prozess – zum Bedauern der Überlebenden – umkehrbar, also nicht irreversibel ist. Damit können Zombie*innen grundsätzlich taugliches Tatobjekt sowohl eines Körperverletzungsdeliktes als auch eines Totschlags bzw. Mordes sein. Demzufolge ist das willkürliche Niedermetzeln einer sogenannten Zombieherde nicht nur unappetitlich, sondern eine kapitale Straftat, die einen lebenslangen Gefängnisaufenthalt des überlebenden Metzelnden zur Folge haben kann. Und nicht nur das Töten eines untoten Untoten kann unangenehme juristische Konsequenzen nach sich ziehen: Sogar ein harmlos erscheinendes Abtrennen von Gliedmaßen oder Unterkiefern mit Katana[2] und Machete kann als schwere Körperverletzung[3] mit einer Freiheitsstrafe bis zu zehn Jahren geahndet werden.

Das sind auf den ersten Blick keine allzu rosigen Aussichten für eine entspannte Zombieapokalypse – jedenfalls nicht aus der Sicht der letzten Überlebenden. Ein kleiner Hoffnungsschimmer für die nächste Untoten-Apokalypse verbleibt dennoch. Denn das Strafgesetzbuch ist tatsächlich auch auf bevorstehende Weltuntergangsszenarien gut vorbereitet.

---

1 Vgl. *The Walking Dead*, Staffel 1, Folge 6, 2010.

2 Vgl. z. B. Michonne in *The Walking Dead*, Staffel 2, Folge 13, 2010.

3 § 226 Abs. 1 Strafgesetzbuch.

IMMER EINE KNABBER-LÄNGE ABSTAND!

Sollte es in einem bedauerlichen Einzelfall zu einem Angriff eines Untoten kommen, ist das Recht der Notwehr gegeben. Notwehr ist die Verteidigung, die erforderlich ist, um einen gegenwärtigen rechtswidrigen Angriff von sich oder einem anderen abzuwehren.[1] Als Angriff ist hierbei nicht nur das vollständige Verzehren des menschlichen Körpers oder ganzer Körperteile durch einen Zombie anzusehen, sondern schon dessen einzelner herzhafter Biss in die Weichteile, ja selbst sein leichtes oder sogar zaghaftes Anknabbern von Nase, Ohr und Wange. Jene kulinarischen Annäherungsversuche muss eine Verteidigungshandlung dauerhaft und endgültig beseitigen. Erfahrungsgemäß sind Zombie*innen wenig bis gar nicht vom Bruch des eigenen Knochens beeindruckt; auch der Verlust eigener Gliedmaßen, die ein Überlebender als erhebliches Ärgernis empfinden würde, lässt sie im wahrsten Sinne des Wortes kalt. Letztlich hat sich allein ihre Enthauptung oder die Zerstörung ihres Stammhirnes als notwendig zur Abwehr des Untoten-Angriffs herausgestellt. Und folglich darf ein Untoter, der gerade im Begriff ist, einen Überlebenden zu essen, aus Notwehr getötet werden. Von bedauerlicherweise immer wieder zu beobachtenden Schlachtfesten[2] ohne einen konkreten gegenwärtigen Angriff eines Zombies ist demgegenüber dringend abzuraten.

---

1   § 32 Abs. 2 Strafgesetzbuch.
2   Vgl. *Zombieland*, 2009.

ANMERKUNG[1]:

Bekanntlich hat das Bundesverfassungsgericht im Rahmen der berühmten Entscheidung zu *Tanz der Teufel* recht unbedacht Zombies als Beispiel für »nur menschenähnliche Wesen« angeführt.[2] Diese respektlose Herabwürdigung eines kaltherzigen und gefühllosen Untoten mit nie versiegender Gier nach Menschenfleisch wirft auf den ersten Blick kein gutes Licht auf unsere obersten Verfassungshüter. Die Entgleisung ist jedoch offensichtlich allein einer fehlenden Erfahrung der Richter im Umgang mit Zombies und anderen Untoten insgesamt geschuldet. Tatsächlich hatte nachweislich keiner der an der Entscheidung beteiligten Juristen einen Zombie in seinem näheren Freundes- oder Bekanntenkreis. Jener mangelnden Erfahrung sind sich die Verfassungshüter auch bewusst und relativieren ihre unbedachte Einstufung in derselben Entscheidung, indem sie ausdrücklich darauf hinweisen, dass es letztlich nicht auf ihre Bewertung der Frage, ob es sich um einen Menschen oder ein menschenähnliches Wesen handelt, ankomme, sondern auf die des Zuschauers.[3]

---

1 Für typische Juristen.

2 Vgl. Bundesverfassungsgericht, Beschluss vom 20.10.1992, Az.: 1 BvR 698/89, NJW 1993, 1457 ff.

3 Vgl. Bundesverfassungsgericht, Beschluss vom 20.10.1992, Az.: 1 BvR 698/89. NJW 1993, 1457 (1458).

ZAHLEN
WERWÖLFE
HUNDESTEUER?

Die Geschichte der Werwölfe ist eng verwoben mit jener der Vampire, wobei allerdings die Theorie eines gemeinsamen Vorfahren der ungarischen Adelsfamilie Corvinus aus dem fünften Jahrhundert[1] nicht unumstritten ist. Wie den Vampiren begegnete die Gesellschaft auch den sogenannten Lykanern mit Ablehnung. Werwölfe wurden über Jahrhunderte gejagt, es darf mit Recht von einer aggressiven Lykanthrophobie gesprochen werden. Einer der letzten Zwischenfälle dieser Werwolf-Feindlichkeit waren die traurigen Ereignisse um Lawrence »Larry« Talbot in Wales im Jahr 1941[2] bzw. in Blackmoor im Jahr 1891[3] – über das genaue Jahr streiten die Histo-

---

1 Vgl. *Underworld*, 2003.
2 Vgl. *The Wolf Man – Der Wolfsmensch*, 1941.
3 Vgl. *Wolfman*, 2010.

riker ebenso wie über die Rolle des Vaters, Sir John Talbot. Seit jener Zeit hat eine weitgehende Integration der Lykaner insbesondere in den Vereinigten Staaten stattgefunden, nicht zuletzt aufgrund der beeindruckenden sportlichen Leistungen einiger Werwölfe vor allem im Basketball[1] und Boxen[2]. Mittlerweile stellen sich lediglich noch wenige juristische Probleme im Zusammenhang mit Lykanern. Eine der bisher nicht abschließend entschiedenen Rechtsfragen lautet:

---

1   Vgl. *Teenwolf*, 1985.

2   Vgl. *Teenwolf II*, 1987.

ZAHLEN WERWÖLFE HUNDESTEUER?

Es ist umstritten, ob Werwölfe als Hunde im Sinne der Hundesteuersatzungen der Gemeinden, denen insoweit nach Artikel 106 Absatz 6 Grundgesetz die Steuerhoheit obliegt, angesehen werden dürfen. Die wohl herrschende Meinung bejaht dies jedoch und weist zutreffend darauf hin, dass Lykaner in vielerlei Hinsicht eher einem Hund als einem Wolf ähneln. Insbesondere sind sie meistens keine reinen Fleischfresser (Carnivoren), sondern – wie Hunde – Allesfresser (Omnivoren). Auch ihre Charaktereigenschaften, vor allem die große Zutraulichkeit sowie die variable Rutenhaltung sprechen dafür, sie eher wie einen Hund zu betrachten, worauf der anerkannte Lykaner-Sachverständige Dr. Viktor in seinem viel beachteten Fachbuch *Meine Tochter, der Hund und ich* ausdrücklich hingewiesen hat.[1]

In keinem Fall trifft die Steuerpflicht jedoch diejenige Person, die sich in den Werwolf verwandelt, da sie infolge der Personenidentität nicht als (Werwolf-)Halter im Sinne des Gesetzes angesehen werden kann. Halter ist nämlich nur jene Person, die den Lykaner regelmäßig betreut, erzieht oder auf Probe zum Anlernen hält. Deshalb wird die Steuerpflicht bundesweit von den Gemeinden ganz einheitlich nur bei verheirateten Werwölfen gegenüber der Ehefrau bzw. dem eingetragenen Lebenspartner

---

1 Vgl. *Underworld – Aufstand der Lykaner*, 2009.

20

geltend gemacht. Ledige Werwölfe entgehen auf diese Weise regelmäßig der Steuerpflicht. Inwieweit dies dem Gleichheitsgrundsatz des Artikels 3 Grundgesetz zuwiderläuft, ist vom Bundesverfassungsgericht bisher nicht abschließend entschieden worden. Eine Entscheidung wird jedoch bereits im Oktober 2029 erwartet.

Nicht unerwähnt bleiben sollte insoweit, dass zahlreiche Hundesteuersatzungen eine Abgabenbefreiung für bestimmte Arbeitstiere vorsehen. Hiernach sind Blindenwerwölfe ebenso privilegiert wie Drogenspürwerwölfe, allerdings nur dann, wenn die Tätigkeit nicht nur ehrenamtlich oder als sogenannter Minijob (Stichwort: Vierhundert-Euro-Lykaner) ausgeübt wird.

Einer Steuer für besonders gefährliche Rassen kann im Übrigen dadurch entgangen werden, dass der Werwolf-Halter, also im Regelfall die Ehefrau, nachweist, dass sich der Lykaner regelmäßig nicht von Menschenfleisch ernährt. Bewährt hat sich ein langfristiger Verzicht auf sämtliche Fleischprodukte, verbunden mit einer hohen Kohlenhydratezufuhr, die sogenannte Ly-Carb-Diät.

IST
BLUTSAUGEN
SITTENWIDRIG?

Die Zeiten des finsteren Aberglaubens rund um die Vampire gehören glücklicherweise längst der Vergangenheit an. Dank der modernen Forschung und Wissenschaft[1] wissen wir: So etwas wie Vampire, die Menschenblut trinken müssen, um zu überleben, gibt es nicht. Tierblut ist völlig ausreichend.[2] Und so haben sich bereits seit Jahrhunderten nicht nur einzelne Vampire[3], sondern sogar komplette Vampirfamilien[4] zu überzeugten »Vegetarier«n entwickelt – reinen Tierblutkonsumenten. Jedoch bevorzugen vor allem Vampire der älteren Bitey-Boomer-Generation weiterhin menschliches Blut, angeblich weil

---

1 Vgl. Anatomie des gemeinen Untoten, *Dracula – Tot aber glücklich*, 1995.

2 Vgl. *Interview mit einem Vampir*, 1994.

3 Z.B. Stefan Salvatore, *Vampire Diaries*, 2009.

4 Z.B. Familie Carlisle Cullen, *Twilight – Biss zum Morgengrauen*, 2008.

es leichter verdaulich ist und nur selten Blähungen und Verstopfungen verursacht. Bekanntlich haben die in den Blutbanken erhältlichen Blutkonserven infolge der zur Haltbarmachung beigegebenen Stabilisatoren einen sehr auffälligen und oftmals als unangenehm beschriebenen Beigeschmack nach Zitrone, weshalb die meisten Old-School-Vampire die frische Bio-Variante präferieren.

Es braucht nicht ernsthaft erörtert zu werden, dass sich unfreiwillige Blutspenden als vorsätzliche Körperverletzung beziehungsweise sogar als Totschlag darstellen, wenn der Hunger im Einzelfall zu groß sein sollte. Glücklicherweise sind derartige Übergriffe nur noch selten in der polizeilichen Kriminalstatistik zu verzeichnen. Tatsächlich fand sich in den letzten beiden Jahren kein einziger bestätigter Fall. Fraglich ist jedoch, wie Blutsaugen rechtlich zu bewerten ist, wenn es mit Zustimmung des Spenders erfolgt. Auch dieser Fall könnte nämlich als vorsätzliche Körperverletzung im Sinne des § 223 Strafgesetzbuch zu bewerten sein.

Der Biss in den Körper eines Menschen und das anschließende Blutsaugen stellt sich grundsätzlich als körperliche Misshandlung dar. Hierunter ist jede üble, unangemessene Behandlung zu verstehen, welche die körperliche Unversehrtheit beeinträchtigt[1], was insbesondere bei

---

1 Vgl. Münchener Kommentar zum StGB, 4. Auflage 2021, Rn. 26 zu § 223 StGB.

substanzverletzenden Einwirkungen auf den Körper der Fall ist. Hierzu zählt zweifelsohne die Verursachung einer blutenden Bisswunde, die darüber hinaus mit einem Substanzverlust in Gestalt des konsumierten Blutes verbunden ist. Zu prüfen ist jedoch, ob der Biss und das anschließende Blutsaugen auch als rechtswidrig angesehen werden dürfen, da beides immerhin mit Zustimmung des Spenders erfolgte. Dies wäre gemäß § 228 Strafgesetzbuch nur dann der Fall, wenn Blutsaugen gegen die guten Sitten verstößt. Und dies führt uns zu der Frage, die auch Vlad Kevin Meier[1] beschäftigt:

IST BLUTSAUGEN SITTENWIDRIG?

Unter den guten Sitten wurde nach früherer Rechtsprechung das Anstandsgefühl aller billig und gerecht Denkenden verstanden[2], auf die Wertvorstellungen nur einer einzelnen gesellschaftlichen Gruppe – wie etwa Vampire, Vegetarier oder Veganer – kommt es nicht an. Vielmehr ist auf einen gemeinsamen Nenner als einen rechtlichen Kern abzustellen. Nach der neueren Rechtsprechung und der in der Fachliteratur überwiegend vertretenen Auffassung ist entscheidend, ob das Blutsaugen unter Berücksichtigung des Umfangs der eingetretenen Körperver-

---

1 Name geändert.

2 Vgl. hierzu im Einzelnen Münchener Kommentar zum StGB, 4. Auflage 2021, Rn. 34 zu § 228 StGB.

letzung und des Gefahrengrades für Leib und Leben als nicht mehr hinnehmbar erscheint.[1] Die Grenze zur Sittenwidrigkeit ist hiernach jedenfalls dann überschritten, wenn der einwilligende Spender durch das Blutsaugen in eine konkrete Todesgefahr gebracht wird. Damit stellt sich ein vollständiges Leersaugen des Blutspenders ohne Zweifel als sittenwidrig dar – ganz gleich, ob es in einem einzigen sogenannten Sturztrunk erfolgt oder im Rahmen eines kontinuierlichen Pegeltrinkens.

Solange sich das Blutsaugen jedoch im üblichen Rahmen hält – empfohlen wird eine Trinkmenge von nicht mehr als einem halben Liter über einen Zeitraum von etwa einer Viertelstunde und einer Ruhepause des Blutspenders von mindestens fünfzig Tagen –, ist die entsprechende Einwilligung nicht als Verstoß gegen die guten Sitten anzusehen.

Es bleibt zu hoffen, dass jene Frage endlich höchstrichterlich entschieden und damit die Last der verbleibenden Rechtsunsicherheit unseren nachtaktiven Mitbürgern von den Schultern bzw. Zähnen genommen wird.

---

1 Sogenannte Rechtsgutslösung, vgl. Schönke/Schröder, Strafgesetzbuch, 30. Auflage 2019, Rn. 17 m.w.N.

HABEN
VAMPIRE
EINEN ANSPRUCH AUF
NACHTSCHICHT?

In früheren Zeiten wurden extreme Ernährungs- und Lebensweisen meist kritisch beäugt, mitunter abgelehnt, ja sogar offen angefeindet. Insoweit weisen die drei sogenannten V-Kulturen erstaunliche geschichtliche Parallelen auf: Vegetarismus, Veganismus und natürlich Vampirismus. Gerade die Zurückweisung des Vampirismus nahm im neunzehnten Jahrhundert teils erschreckende Ausmaße an. So wurden die Taten Einzelner, die zufällig diese Ernährungsweise bevorzugten, politisch nicht selten missbraucht, um jene kulturelle Minderheit insgesamt zu diffamieren. Zu nennen sind hier insbesondere die unglücklichen Geschehnisse in

Wisborg 1838[1] und in London 1897[2]. Glücklicherweise gehören derartige soziale Ausschreitungen der Vergangenheit an. Und so darf mit Stolz festgestellt werden: Vampire sind mittlerweile in die moderne Gesellschaft ebenso integriert wie Vegetarier und Veganer – letztere freilich mit nachvollziehbaren Einschränkungen. Gleichwohl darf nicht verschwiegen werden, dass in wenigen Lebensbereichen noch Verbesserungspotenzial gegeben ist, insbesondere in betrieblichen Organisationen. Hier stellt sich immer wieder eine arbeitsrechtliche Frage, die bisher noch nicht abschließend höchstrichterlich entschieden wurde:

HABEN VAMPIRE EINEN ANSPRUCH AUF NACHTSCHICHT?

Die rechtlichen Grundlagen der gesetzlich weiterhin nicht definierten Schichtarbeit finden sich in § 6 Arbeitszeitgesetz. Generell ist die Arbeitszeit eines Schichtarbeitnehmers nach den gesicherten arbeitswissenschaftlichen Erkenntnissen über die menschengerechte Gestaltung der Arbeit festzulegen.[3] Einen unmittelbaren Anspruch auf Nachtschicht sieht die gegenwärtige Rechtslage jedoch nicht vor. Allerdings könnte sich aus einer analogen

---

1 Vgl. *Nosferatu – Eine Symphonie des Grauens*, 1922.

2 Vgl. Abraham »Bram« Stoker, *Dracula*, 1897.

3 Vgl. § 6 Absatz 1 Arbeitszeitgesetz.

Anwendung von § 6 Abs. 4 Satz 1 Buchstabe a) Arbeitszeitgesetz ein Nachtschichtanspruch des Vampirarbeitnehmers ergeben. Danach müsste der Arbeitgeber den Vampir auf dessen Verlangen auf einen für ihn geeigneten Nachtarbeitsplatz umsetzen, wenn nach arbeitsmedizinischer Feststellung die weitere Verrichtung von Tagarbeit den Vampir als Arbeitnehmer in seiner Gesundheit gefährden würde. Eine solche gesundheitliche Gefährdung des Vampirarbeitnehmers stellt – selbst bei einer zurückhaltenden Auslegung – die spontane Selbstentzündung bei Einwirkung des Sonnenlichts dar, die bereits in der anerkannten wissenschaftlichen Ausarbeitung von Dr. Seth Gecko aus dem Jahr 1996 mit dem Titel »Irre explodieren nicht, wenn das Sonnenlicht sie trifft«[1] umfassend beschrieben wurde.

Jeder in einem Betrieb mit Schichtarbeit tätige Vampir ist daher gut beraten, ein entsprechendes arbeitsmedizinisches Attest einzuholen und es bei seinem Arbeitgeber einzureichen, verbunden mit dem Antrag, auf eine Nachtschicht umgesetzt zu werden. Von namhaften Arbeitsrechtlern wird Vampiren empfohlen, derartige Atteste in regelmäßigen, nicht zu langen zeitlichen Abständen – angesetzt werden Zeiträume von 65 bis maximal 91 Jahre – erneut vorzulegen.

---

1   Vgl. *From Dusk Till Dawn*, 1996.

Selbstverständlich dürfen die Anforderungen an den Arbeitgeber auch nicht überspannt werden. Ist der Einsatz des antragstellenden Vampirs in der Nachtschicht unmöglich oder unzumutbar, etwa, weil das Kontingent der Nachtschicht beschränkt ist und weitere Vampirarbeitnehmer aus sozialen Gesichtspunkten für die Stelle zu bevorzugen sind, kann der Anspruch zurückgewiesen werden. In diesen Fällen hat der Arbeitgeber jedoch gegenüber dem Vampirbeschäftigten nach § 4 des Gesetzes über die Durchführung von Maßnahmen des Arbeitsschutzes zur Verbesserung der Sicherheit und des Gesundheitsschutzes der Beschäftigten bei der Arbeit (kurz: Arbeitsschutzgesetz) die Arbeit so zu gestalten, dass eine Gefährdung für das Leben sowie die physische und psychische Gesundheit des Vampirs möglichst vermieden wird. Die verbleibende Gefährdung ist so gering wie möglich zu halten. Hierbei sind spezielle Gefahren für besonders schutzbedürftige Beschäftigtengruppen zu berücksichtigen.[1] In der Vergangenheit hat es sich bewährt, die Vampirarbeitnehmer mit lichtfester Schutzkleidung, Sonnenbrillen und einem Sunblocker (Lichtschutzfaktor 100) auszustatten. Auf die Untersuchungen des Arbeitsrechtlers Professor Deacon Frost sei insoweit zwecks Vermeidung von Wiederholungen Bezug genommen.[2]

---

1 Vgl. § 4 Nr. 6 Arbeitsschutzgesetz.
2 Vgl. *Blade*, 1998.

Es bleibt zu wünschen, dass berechtigte Forderungen der Vampirbeschäftigten nicht in jedem Fall vor dem Arbeitsrichter durchgesetzt werden müssen. Das Gebot der Rücksichtnahme gegenüber den Belangen sämtlicher Mitarbeiter sollte beständiges Gesetz jeder Unternehmenskultur sein. Gutes Vorbild sind hier die mittlerweile in zahlreichen Betriebskantinen am Beispiel des Veggie-Days eingeführten und sehr beliebten Bloody-Days sowie der weitgehende Verzicht auf Gerichte mit Aioli und Zaziki.

MUSS EIN
ZOMBIE
INS GEFÄNGNIS?

Auf die rechtliche Problematik einer unbedachten Schlachtorgie an sogenannten Untoten, wie sie bedauerlicherweise häufig im Rahmen von Zombieapokalypsen zu beobachten sind, wurde bereits hinreichend aufmerksam gemacht.[1] Dieses Kapitel soll sich daher dem strafrechtlich durchaus relevanten Verhalten der Zombie*innen widmen – wohl wissentlich, dass man sich seit der von der Zombieaktivistin Lizzie Samuels[2] initiierten Dead-Life-Matters-Bewegung der Gefahr eines Shitstorms und dem Vorwurf des »alten weißen Lebenden« aussetzt. Gleichwohl darf nicht verschwiegen werden, dass viele Zombie*innen sich nicht immer so verhalten, wie man es von aufrichtigen untoten Staatsbürgern erwarten darf. Denn sowohl das Anknabbern als auch der voll-

---

1 Vgl. hierzu das Kapitel »Darf man eigentlich Zombies töten?«.

2 Vgl. *The Walking Dead*, Staffel 4, Folge 1 ff., 2013.

ständige Verzehr eines anderen Menschen sind – strafrechtlich betrachtet – nicht ganz unbedenklich. Es drohen Verurteilungen wegen Körperverletzung[1], schwerer Körperverletzung[2] und sogar wegen Totschlag[3] und Mord[4]. Diese Feststellungen müssen in einer aufgeklärten Gesellschaft getroffen werden dürfen, ohne dass man gleich in den sozialen Medien als zombiephob diffamiert wird.

... DENN SIE WISSEN NICHT, WAS SIE TUN

Freilich wäre es nicht nur überzogen, sondern rechtlich geradezu unvertretbar, einen Zombie, der als Immernoch-Mensch selbstverständlich dem deutschen Strafrecht unterfällt, wegen seiner kulinarischen Exzesse mit einer Geld- oder Freiheitsstrafe zu belegen. Denn Strafe setzt nach dem Schuldprinzip, einem Grundsatz des deutschen Strafrechts, die Fähigkeit voraus, das Unrecht der Tat einzusehen.[5] Gerade jene Einsicht dürfte einem durchschnittlichen Zombie fehlen, und zwar unabhängig davon, welcher sozialen Schicht er ursprünglich angehört hat. Denn infolge des von Dr. Edwin Jenner[6]

---

1   § 223 Strafgesetzbuch.

2   § 226 Strafgesetzbuch.

3   § 212 Strafgesetzbuch.

4   § 211 Strafgesetzbuch.

5   Oder nach dieser Einsicht zu handeln, vgl. § 20 Strafgesetzbuch.

6   Vgl. *The Walking Dead*, Staffel 1, Folge 6, 2010.

beschriebenen Ausfalls von Großhirn und Kleinhirn darf regelmäßig von einer erheblichen Intelligenzminderung des Untoten ausgegangen werden, die so erheblich ist, dass auch die von Rechtsprechung und Literatur geforderte *tiefgreifende Beeinträchtigung des Persönlichkeitskerns* nach seiner Verwandlung in einen Zombie ganz üblicherweise festgestellt werden kann. Tatsächlich bleiben die Fälle, in denen Angehörige bei einem Zombie keinerlei Veränderung der Persönlichkeit festgestellt haben, eine Ausnahme und sind anscheinend beschränkt auf die Beobachtungen langverheirateter Ehepartner.

Deshalb hat ein Zombie, der dem Ruf der Natur oder besser seines Gaumens folgt, weder Geld noch Freiheitsstrafe zu befürchten. Vielmehr wird in der Regel zu prüfen sein, ob nicht seine Einweisung in ein psychiatrisches Krankenhaus angeordnet werden sollte – eine Forderung, die bereits frühzeitig in der Fachliteratur gestellt wurde. Zu nennen sind insoweit die wissenschaftlichen Ausführungen von Hershel Greene, Philip Blake und der bereits genannten Lizzie Samuels.

SIND ZOMBIE*INNEN GEFÄHRLICH?

Voraussetzung einer Unterbringung ist freilich gemäß § 63 Strafgesetzbuch, dass von dem Zombie erhebliche rechtswidrige Taten, durch welche ein oder mehrere Opfer insbesondere körperlich erheblich geschädigt oder gefährdet werden, zu erwarten sind und er deshalb für die Allgemeinheit gefährlich ist. Der anhaltende Drang, andere Menschen ganz oder teilweise aufzufressen, dürfte, auch bei der angezeigten zurückhaltenden Auslegung, diese Voraussetzung erfüllen.

Ein rein praktisches Problem hat anfänglich die obligatorische Untersuchung der Zombies durch einen psychologischen Sachverständigen bereitet, da jene leider oftmals während der Exploration konsumiert wurden. Insoweit hat sich zunehmend bewährt, die Untersuchung zeitlich unmittelbar nach dem Mittagessen durchzuführen, um nicht das Mittagessen zu sein. Vielfach empfohlen wird auch der Tausch des Ärztekittels gegen ein Kettenhemd.

Letztlich ist festzuhalten, dass eine Unterbringung von Untoten in psychiatrischen Einrichtungen entweder im Rahmen des Strafverfahrens oder durch ein selbstständiges Sicherungsverfahren[1] durchaus angezeigt sein kann. Erfahrungsgemäß fügen sich Zombie*innen gut in den Klinikalltag ein – sofern es nicht zu Verzögerungen bei der Ausgabe der täglichen Mahlzeiten kommt. Sicherheitshalber sollte sich stets ein Snackautomat auf dem Stationsflur befinden – vorzugsweise gefüllt mit toten Ratten, Mäusen und dem Abfall der chirurgischen Station.

---

1 Vgl. §§ 413 ff. Strafprozessordnung.

SIND
WERWÖLFE
MIETRECHTLICH AUSREICHEND
GESCHÜTZT?

E s mag erstaunlich klingen, aber die meisten Richter be-
stätigen hinter vorgehaltener Hand: Vermieter sehen
Werwölfe fast ebenso ungern in ihren Mietobjekten wie
Lehrer. Die Streitigkeiten reichen von Beschädigungen der
Mietsache bis hin zu Beschwerden der Mitbewohner wegen
massiver Geräusch- und Geruchsbelästigungen – so weit zu
den Lehrern. Bei den Werwölfen ist es ähnlich. Leider werden die Prozesse, in denen Lykaner Prozessbeteiligte sind,
bundesweit immer noch nicht einheitlich statistisch erfasst,
sodass der genaue prozentuale Anteil letztlich nicht bestimmt werden kann. Er ist jedoch nach den Schätzungen
nicht weniger Richter mit langjähriger Berufserfahrung
nicht unerheblich. Der Gesetzgeber hat es bisher aus Gründen, die hier nicht näher erläutert werden sollen, verab-
säumt, die mietrechtlichen Bestimmungen des Bürgerlichen
Gesetzbuches um ausdrückliche Regelungen für Werwölfe
zu erweitern, sodass zu Recht gefragt werden darf:

SIND WERWÖLFE MIETRECHTLICH AUSREICHEND GESCHÜTZT?

Zwar erscheint es auf den ersten Blick angezeigt, danach zu unterscheiden, ob der Werwolf selbst Mietvertragspartei ist oder lediglich von dem Mieter respektive der Mieterin, gewöhnlich seiner Ehefrau, in der Wohnung gehalten wird. Letzteres scheint jedoch der Regelfall zu sein, sodass diese rechtliche Betrachtung im Folgenden den Schwerpunkt einnehmen wird.

Es ist in der mietrechtlichen Literatur und Rechtsprechung umstritten, ob eine Tierhaltung grundsätzlich zum vertragsgemäßen Gebrauch im Sinne des § 535 Bürgerliches Gesetzbuch gehört. Jedenfalls bei größeren Tieren, zu denen neben den meisten Känguruarten auch Werwölfe zählen, ist wohl eine Erlaubnis des Vermieters für deren Haltung erforderlich, wobei diese auch nicht ohne Weiteres versagt werden darf. Regelmäßig ist eine einzelfallbezogene Interessenabwägung erforderlich, in die neben der Zahl der zu haltenden Werwölfe auch die Größe der Mietwohnung sowie die Anzahl und Größe des Hauses einzubeziehen sind. Hierbei ist vor allem darauf zu achten, ob von dem Werwolf oder den Werwölfen eine spezielle Gefahr für die Mitbewohner ausgeht. Naheliegend ist natürlich eine Tierhaarallergie eines Mitmieters auf derselben Etage, die den Vermieter zum Versagen der Genehmigung berechtigen kann. Auf den sehr ähnlich gelagerten und bereits rechtskräftig entschiedenen Fall für die Haltung einer Angorakatze darf insoweit verwiesen werden.[1] Aber auch die von einem Werwolf in nassem Zustand oder einem nicht ganz stubenreinen Exemplar ausgehende Geruchs- und Verschmutzungsgefahr ist bei der Einzelfallabwägung zwingend zu berücksichtigen und kann ausreichender Anlass sein, die Erlaubnis nicht zu erteilen.

Sofern in einigen Mietverträgen entweder individualvertraglich oder durch Allgemeine Geschäftsbedingungen das Halten von größeren Tieren explizit ausgeschlossen wird, ist dies kaum zu beanstanden. Eine Ausnahme gilt jedoch insoweit, wenn nach dem Abschluss des Mietvertrages gewichtige Gründe für eine Werwolfhaltung entstehen. Dies ist beispielsweise dann der Fall, wenn ein Mieter eine schwerwiegende Sehbeeinträchtigung erleidet und deshalb auf einen Blindenwerwolf angewiesen ist.

Zu beachten ist, dass eine vom Vermieter für ein anderes Tier erteilte Erlaubnis sich auch nur auf dieses Tier bezieht. So kann sich die Mieterin nicht etwa unter Berufung auf eine zuvor erteilte Erlaubnis einen Werwolf zulegen, wenn die vorherige Erlaubnis lediglich für die Haltung eines Zwergkaninchens gewährt worden war.

---

1   Vgl. insoweit das Urteil des Amtsgerichts Köln vom 12.02.1988, Az.: 219 C 565/87.

ZUSATZ: WERWÖLFE IN EIGENTUMSWOHNUNGEN

Die Grundsätze der Werwolfhaltung in Eigentumswohnungen werden aus den allgemeinen Bestimmungen über den Umfang und die Grenzen des vertragsgemäßen Gebrauchs abgeleitet, §§ 13, 14 Wohnungseigentumsgesetz. Enthält die Gemeinschaftsordnung der jeweiligen Wohnungseigentumsgemeinschaft keine ausdrücklichen Bestimmungen bezüglich der Tierhaltung und wurden diesbezüglich auch keine Beschlüsse gefasst, ist jeder Wohnungseigentümer grundsätzlich zur Tierhaltung berechtigt[1], sofern die Haltung so ausgeübt wird, dass dadurch keinem anderen Wohnungseigentümer über das bei einem geordneten Zusammenleben unvermeidliche Maß hinaus ein Nachteil erwächst.[2] Hieraus folgt, dass lediglich die Haltung gefährlicher Tiere unzulässig ist. Werwölfe werden jedoch weder von der einschlägigen Rechtsprechung noch durch landesrechtliche Verordnungen explizit als generell gefährlich eingestuft. Allerdings ist darauf zu achten, dass auch ein vom Werwolf ausgehender Lärm oder Geruch andere Wohnungseigentümer über das zumutbare Maß hinaus belästigen kann. Insoweit gelten die zuvor bereits zur vergleichbaren mietrechtlichen Problematik erfolgten Ausführungen entsprechend.

---

1 Vgl. § 13 Absatz 1 Wohnungseigentumsgesetz.

2 Vgl. § 14 Absatz 2 Nr. 1 Wohnungseigentumsgesetz.

TEIL2

DER
HERR DER
RINGE
UND
JON SCHNEE

WEM
GEHÖRTE
DER
EINE RING?

Wer kennt nicht das durch Samweis Gamdschie weit über das Auenland hinaus bekannt gewordene Kinderlied »Ringlein, Ringlein, du musst wandern, von dem einen Herrn zum andern«? Doch tatsächlich hatte der eine Ring zwar viele Besitzer, aber nur einen Eigentümer. Die streng sachenrechtliche Frage des Eigentums an dem Meister-Ring bedarf einer sogenannten historisch-chronologischen Prüfung, wie sie bereits in den Rechtsschulen gegen Ende des ersten Zeitalters gelehrt wurde und noch heute in den rechtswissenschaftlichen Fakultäten der Neuzeit unterrichtet wird.

Vorausgeschickt sei, dass es für die Frage der Eigentü-
merstellung gänzlich unerheblich ist, ob und inwieweit
der eine Ring eine Art »eigenes Bewusstsein« entwickelt
hat. Letztlich wird weder in der einschlägigen Rechtsprechung noch der juristischen Fachliteratur ernsthaft in
Abrede gestellt, dass es sich bei dem einen Ring um
eine Sache im Sinne des § 90 Bürgerliches Gesetzbuch
handelt.

Ebenfalls unstreitig ist, dass Sauron – ungeachtet etwai-
ger Verletzungen der Patentrechte Celebrimbors – ursprünglich der Eigentümer des Meister-Ringes gewe-
sen ist. Er könnte sein Eigentum jedoch in der Folgezeit
verloren haben. Insoweit kommen als mögliche Eigen-
tumserwerber sowohl die Ringträger nach Sauron, also
Isildur, Gollum, Bilbo und Frodo Beutlin sowie Samweis
Gamdschie in Betracht als auch die Ringkurzmalhalter
Déagol, Gandalf und Tom Bombadil.

DIE ECHTEN TRÄGER

Bekanntlich erlangte Elendils Erbe
Isildur im Jahr 3441 des Zweiten Zeitalters den Besitz an
dem Meister-Ring, nach-
dem er mit dem zerbro-
chenen Schwert Narsil den
Ring samt den ihn tragenden

Finger von Saurons restlicher Hand fachmännisch amputierte. Mag die Handlung selbst durch Notwehr gerechtfertigt sein, stellt das Herunterschneiden eines Ringes vom Finger einer anderen Person im Zusammenhang mit dem anschließenden Behalten (des Ringes, nicht des Fingers) gleichwohl eine verbotene Eigenmacht im Sinne des § 858 Absatz 1 Bürgerliches Gesetzbuch dar. Dies hat zur Folge, dass Isildur aufgrund seiner so begründeten Bösgläubigkeit das Eigentum an dem Meister-Ring nicht etwa durch Ersitzung gemäß § 937 Bürgerliches Gesetzbuch erlangen konnte.

Gleiches gilt für Gollum alias Sméagol, der seinerseits den Besitz an dem einen Ring durch verbotene Eigenmacht erlangt, indem er Déagol erwürgt, sodass es insoweit auf die Frage, ob bezüglich Déagols die Voraussetzungen des Schatzfundes gemäß § 984 Bürgerliches Gesetzbuch vorgelegen haben, nicht ankommt.[1] Die ständige Geltendmachung des Rechtsinstituts des Schatzfundes durch Gollum (»Mein *Schatz*«) beruht daher auf einer völligen Verkennung, vielleicht auch bewussten Missachtung der offenkundigen Sach- und Rechtslage.

Auch Bilbo Beutlin kann kein Eigentum durch Ersitzung an dem einen Ring begründen, erfährt er doch unmittelbar nach Besitzbegründung in den schwarzen Orkminen des Nebelgebirges im Jahr 2941 des Dritten Zeitalters

---

1 Siehe dazu die Ausführungen am Ende des Kapitels.

durch Gollum persönlich, dass ihm das Eigentum an dem Ring nicht zusteht, sodass er jedenfalls vor Ablauf der Zehnjahresfrist des § 937 Absatz 1 Bürgerliches Gesetzbuch nicht (mehr) in gutem Glauben ist.

Nicht wesentlich anders stellt sich die Rechtslage bezüglich Frodo Beutlin dar. Dieser war bereits bösgläubig, als er im Jahr 3001 des Dritten Zeitalters infolge der vermeintlichen Schenkung – wohl im Wege einer sogenannten vorweggenommenen Erbfolge – seines Onkels Bilbo den Besitz an dem Ring begründet. Denn bevor auch Gandalf kurz nach Bilbos Verschwinden Beutelsend verlässt, gesteht Frodo dem Graurock, dass Bilbo ihm »die wahre Begebenheit erzählt«[1] habe. Mithin scheidet ein Eigentumserwerb an dem Meister-Ring nach den §§ 929, 932 Bürgerliches Gesetzbuch ebenso aus wie eine Ersitzung durch Frodo Beutlin.

Schließlich ist auch Samweis Gamdschie, der die Eigentumshistorie des einen Ringes kennt, nicht in gutem Glauben, als er am Cirith-Ungol-Pass den Meister-Ring samt Kette von Frodos leblosem Körper abnimmt. Wobei es nicht nur aus juristischer Sicht erfrischend ist, Samweis Gamdschie, die personifizierte Gutgläubigkeit, einmal als *nicht gutgläubig* bezeichnen zu dürfen.

---

1 Vgl. J.R.R. Tolkien, *Der Herr der Ringe*, Band I, *Die Gefährten*, Ein lang erwartetes Fest.

Abschließend bleibt bezüglich der Ringkurzmalhalter Folgendes festzuhalten:

Déagol, der etwa im Jahr 2463 des Dritten Zeitalters den Meister-Ring im Schlamm der Schwertel, einem Nebenfluss des Anduin findet, als Schatzfinder im Sinne des § 984 des Bürgerlichen Gesetzbuches anzusehen, überzeugt auf den zweiten Blick nicht. Ein Schatz im Sinne des Gesetzes ist eine Sache, die so lange verborgen gelegen hat, dass der Eigentümer nicht mehr zu ermitteln ist. Dabei ist zu beachten, dass der Tod Isildurs während seines Versuches, den Anduin zu durchschwimmen, nicht etwa ein wenig bekanntes Ereignis war, sondern anlässlich des berüchtigten Gefechts auf den Schwertelfeldern im Jahr 2 des Dritten Zeitalters erfolgte, das seinerzeit nicht nur eine umfassende mediale Berichterstattung erfuhr, sondern auch zu den geschichtlichen Grundkenntnissen der Bewohner des Schwertelfeldes zählt. Déagol hätte daher bereits durch einfaches Nachdenken – woran er verständlicherweise etwas gehindert war, da Sméagol alias Gollum ihn erwürgte – den Eigentümer (nicht Isildur, sondern Sauron) ermitteln können.

Die kurzfristige Übergabe des Ringes an Tom Bombadil sowie auch an Gandalf sind eigentumsrechtlich gänzlich unbeachtlich. Insoweit ist zu berücksichtigen, dass weder Tom Bombadil noch Gandalf die kurzfristige Gewalt über den Meister-Ring mit dem Willen ausübten, den Ring wie ihnen gehörend zu beherrschen, sodass es bereits an der Begründung von Eigenbesitz zu Gunsten von Tom Bombadil bzw. Gandalf im Sinne des § 872 Bürgerliches Gesetzbuch fehlt.

Es ist daher festzuhalten: Der eine Ring hatte viele Träger, manche Halter, aber nur einen Herrn, nämlich Sauron. Und dieser bleibt bis zu der Vernichtung des Ringes im Jahr 3019 des Dritten Zeitalters auch rechtmäßiger Eigentümer des einen Ringes.

DURFTEN
JAMIE
UND
CERSEI
EIGENTLICH?

Bereits bei den Pharaonen des alten Ägypten war die Geschwisterehe weit verbreitet. Kleopatra war nicht nur mit Julius Caesar und Markus Antonius … gut befreundet, sondern auch mit ihren Brüdern Ptolemaios XIII. und Ptolemaios XIV. verheiratet. Selbst die griechischen Götter kannten die Ehe unter Geschwistern. So war die alte Blitzbirne Zeus zugleich auch der Bruder seiner Göttergattin Hera.[1] Das ist jetzt auf den ersten Blick zunächst einmal ekelig, auf den zweiten Blick aber auch. Es zeigt jedoch, dass Inzest in vielen Kulturen seine feste Geschichte hat. Und so verwundert es nicht, dass es auch in einem der Königshäuser des Kontinentes Westeros zu einer entsprechenden Verbindung kam. Die Rede ist natürlich von den ebenso charmanten wie liebenswürdigen Zwillingen Jamie und Cersei Lennister.[2] Die Zuneigung der Geschwister blieb jedoch nicht lange unentdeckt. Und so erreichte mich eines Tages die Frage von Klaus-Bran Stark:

DURFTEN JAMIE UND CERSEI EIGENTLICH?

Obwohl der Gesetzgeber den Tatbestand des Beischlafs zwischen Verwandten mehrfach geändert und innerhalb des Strafgesetzbuches hin- und hergeschoben hat, ist er zwischen leiblichen Geschwistern nach wie vor strafbar.[3] Selbst das Bundesverfassungsgericht hat sich mit diesem unter Juristen auch als Ekelparagraf bekannten Strafgesetz schon auseinandersetzen müssen und seine Verein-

---

1 Vgl. hierzu im Einzelnen die Ausführungen von Percy Jackson, *Percy Jackson erzählt griechische Göttersagen*, 2014.

2 Vgl. *Game of Thrones*, Staffel 1, Folge 1, 2011.

3 Vgl. § 173 Absatz 2 Satz 2 Strafgesetzbuch.

barkeit mit dem Grundgesetz bestätigt.[1] Folglich ist die Frage von Klaus-Bran Stark ganz eindeutig zu beantworten: Nein, Jamie und Cersei durften nicht – und das nicht nur eigentlich.

Anders stellt es sich übrigens hinsichtlich Jon Schnee und seiner Tante Daenerys Targaryen, besser bekannt als Mutter der Drachen, dar – wenn auch mehr unter strafrechtlichen als unter Ekel-Gesichtspunkten. Der Straftatbestand des Beischlafs unter Verwandten umfasst nämlich neben dem Beischlaf zwischen leiblichen Geschwistern nur den zwischen blutsmäßigen Verwandten auf- und absteigender Linien und nicht auch der sogenannten Seitenlinien. Rein strafrechtlich war gegen die Neffe-Tante-Liaison nichts einzuwenden. Dass Jon Schnee alias Aegon Targaryen dennoch Daenerys Targaryen ermordet, als dem Schnellmerker während eines Kusses plötzlich auffällt, dass sie seine Tante ist[2], stellt daher ganz offensichtlich eine etwas übertriebene Ekelreaktion dar – ebenso wie seine überstürzte Entscheidung, nie wieder Sex zu haben, sondern das restliche Leben jenseits der Mauer im ewigen Eis des Nordens zu verbringen.

---

1 Vgl. Bundesverfassungsgericht, Beschluss vom 26.02.2008, Az.: 2 BvR 392/07.

2 Vgl. *Game of Thrones*, Staffel 8, Folge 6, 2019.

Das Schicksal sowohl der Lennister-Zwillinge als auch von Tante Targaryen zeigt eindrucksvoll: Unabhängig von der Frage, ob man mit Verwandten eigentlich dürfte, sollte man eigentlich nicht.

DARF MAN
ZWERGE
WERFEN?

Die Schlacht um die Hornburg in der Nacht vom 3. auf den 4. März 3019 D.Z.[1] stellt vermutlich den Wendepunkt des Ringkrieges dar. Es ist nicht auszudenken, wie der weitere Krieg verlaufen wäre, wenn die Truppen Isengarts, bestehend aus zehntausend Uruk-hai[2], die Truppen Saurons bei der nur zehn Tages später stattfindenden Belagerung von Minas Tirith hätten unterstützen können. Der Verlauf der Schlacht in Helms Klamm ist deshalb nicht nur für Militärhistoriker von größter Bedeutung.

Bekanntlich startete die Armee Isengarts nach dem Erreichen des Klammwalls einen gleichzeitigen Sturman-

---

1 D.Z.: Drittes Zeitalter.

2 Sowie etwa 6000 Orks und 4000 Dunländern.

griff sowohl auf die sechs Meter hohe Mauer als auch auf das Haupttor. Der kurzen Vorbereitungszeit war es geschuldet, dass das Tor nicht hinreichend befestigt worden war, sodass bereits nach kurzer Zeit ein Durchbruch drohte, obwohl die Isengarter anstelle beschlagener hochwertiger Rammböcke mit kurz zuvor geschlagenen Baumstämmen als Rammen improvisieren mussten. Aragorn überblickte die taktische Folge, die ein frühzeitiger Durchbruch des Haupttors bedeutet hätte, und unternahm deshalb zwei beherzte Ausfälle, um die Angreifer auf dem zum Haupttor führenden Damm zurückzuwerfen. Es wird darauf hingewiesen, dass der zweite Ausfall in Tolkiens Darstellung des Schlachtverlaufes keine Erwähnung findet, was der Kürze seiner gesamten Schilderung der Schlacht um die Hornburg geschuldet ist.[1] Der zweite Ausfall verdient jedoch insbesondere aufgrund seiner Kühnheit, die selbst für die während des Ringkrieges geführten Schlachten einzigartig ist, besonderes Augenmerk. Die ausführliche Darstellung dieses Ereignisses durch den Dokumentarfilmer Peter Jackson[2] ist daher zu begrüßen. Bekanntlich gelangten Aragorn und Gimli durch die schon für den ersten Ausfall verwendete Pforte an der westlichen Ecke des Burgwalles und liefen einen kleinen Pfad bis zum Haupttor. Zwischen Pfad und Tor lag jedoch ein Abgrund von etwa

---

1 Vgl. J.R.R. Tolkien, *Der Herr der Ringe*, Band II, *Die zwei Türme*, Helms Klamm.

2 Vgl. *Der Herr der Ringe: Die zwei Türme*, 2002.

vier Schritten Breite. Gimli stellte fest, dass er die Entfernung nicht würde springen können, und forderte Aragorn auf, ihn zu werfen. Aragorn folgte zunächst dieser Aufforderung und sodann dem erfolgreich geworfenen Gefährten auf den Dammweg. Dort drängten er und Gimli die Angreifer erneut zurück und verschafften den Verteidigern im Innern der Burg wertvolle Sekunden, die jene brauchten, um das Haupttor notdürftig zu sichern.

Die Militärhistoriker Mittelerdes sind sich einig, dass es diese mutige Tat war, die den Verteidigern die entscheidenden Minuten verschaffte, um die Burg bis zum Eintreffen Gandalfs und der Unterstützungstruppe zu halten.[1]

Seit jener Zeit wird in Rohan am Jahrestag der Schlacht um die Hornburg an jene selbstlose Heldentat erinnert, indem kräftige Männer, Frauen und Diverse einen Zwerg über eine möglichst weite Distanz werfen. Hierbei werden sie vom Publikum traditionell angefeuert mit den Worten »Aber sag's nicht dem Elben!«. Mit jener würdevollen Gedenkfeier wird dem Mut, der Tapferkeit und der Aufopferung Gimlis, Glóins Sohn, als stolzem Vertreter des ruhmreichen Zwergenvolkes die angemessene Ehrerbietung gezeigt. Doch in letzter Zeit häufen sich die Rufe, diese Tradition solle untersagt

---

1 Vgl. Erkenbrand, *Der Ringkrieg – Eine militärhistorische Analyse*, 2. Band, 5 V.Z.

werden, da sie respektlos und entwürdigend gegenüber dem Zwergenvolk sei. Daher soll im Folgenden die Frage rechtlich geprüft werden:

DARF MAN ZWERGE WERFEN?

Ein Zwergenwurf ist selbstverständlich immer dann unzulässig, wenn der Geworfene sein Einverständnis zu dem Wurf nicht ausdrücklich oder konkludent erklärt. Jedoch könnte ein Zwergenwurf auch dann rechtswidrig sein, wenn er gegen die guten Sitten verstößt. Der Begriff der guten Sitten ist ein unbestimmter und ausfüllungsbedürftiger Rechtsbegriff, dessen Anwendung in vollem Umfang gerichtlicher Nachprüfung unterliegt. Er umfasst die Wertvorstellungen, die in der Rechtsgemeinschaft als maßgebliche Ordnungsvoraussetzungen überwiegend und vorherrschend anerkannt sind. Den Kern dieser Ordnung bilden die wertethischen Prinzipien, über deren Verbindlichkeit die Rechtsgemeinschaft befunden hat.

Ein Verhalten, das einer so verankerten Wertvorstellung widerspricht, verstößt gegen die guten Sitten. Eines dieser in Mittelerde fest verankerten Prinzipien lautet: *Ein Zwerg wird von niemandem geworfen.*[1] Zweck dieses auf den ersten Blick amüsant anmutenden Grundsatzes ist jedoch ganz unverkennbar der Schutz und die Achtung der Zwergenwürde.

Eben jene unantastbare Würde des Zwerges wird durch den Zwergenwurf auf den Gedenkfeiern des Jahrestages der Schlacht um die Hornburg verletzt. Dadurch, dass man den geworfenen Zwerg wie ein Sportgerät handhabt, wird ihm eine entwürdigende, objekthafte Rolle zugewiesen. Der Wurfzwerg wird zum Zwecke der allgemeinen Belustigung zum bloßen Objekt der Werfer aus dem Publikum gemacht. Ein solcher Umgang mit Zwergen ist herabwürdigend und trägt nicht zuletzt das beachtliche Risiko des Abbaus von Hemmschwellen im Umgang mit anderen Völkern in sich.[2] Folglich verstößt der Zwergenwurf gegen die guten Sitten und ist deshalb nicht zulässig, sodass die Veranstalter des Jahrestages der Schlacht um die Hornburg gehalten sind, jene Veranstaltung zukünftig zu unterbinden.

---

1   Vgl. *Der Herr der Ringe: Die Gefährten*, 2001.

2   Vgl. hierzu auch Verwaltungsgericht Neustadt, Beschluss vom 21.05.1992, Az.: 7 L 1271/92.

In diesem Zusammenhang muss darauf hingewiesen werden, dass auch das in Mittelerde beliebte Golfspiel unter dem drohenden juristischen Schatten eines Verbotes wegen Verstoßes gegen die guten Sitten steht. Denn der beim Spiel verwendete Golfball steht symbolisch für den Kopf des Orkkönigs, der von Bullenrassler Tuk, dem Ururururonkel Bilbo Beutlins, in der Schlacht bei Grünfeld mit derartiger Wucht abgeschlagen wurde, dass er über einhundert Schritte weit flog und in ein Kaninchenloch fiel – bekanntlich die Geburtsstunde des Golfspieles.[1]

---

1 Vgl. *Der Hobbit: Eine unerwartete Reise*, 2012.

VERSTOSSEN DIE MINEN VON MORIA GEGEN BERGRECHT?

Der älteste der sieben Zwergenväter, Durin I., der Unsterbliche, begab sich zu Beginn des Ersten Zeitalters tief in das Nebelgebirge und gründete unter den mächtigen Bergen Caradhras, Celebdil und Fanuidhol das gewaltigste und berühmteste aller Zwergenreiche: Khazad-dûm.

In den fantastischen Minen von Moria schürfte das fleißige Volk Durins nach allerlei wertvollen Metallen und edlen Steinen, vor allem aber nach Mithril. Man konnte es wie Kupfer schlagen und glätten wie Glas, und die Zwerge wussten daraus ein Metall zu machen, leicht und trotzdem härter als getemperter Stahl.[1] Viele Zwerge verließen ihre

---

1 Vgl. J.R.R. Tolkien, *Der Herr der Ringe*, Band I, *Die Gefährten*, Eine Wanderung im Dunkeln.

Heimatstädte in den Ered Luin und schürften in Khazad-dûm nach Mithril. Bald schon entwickelte sich ein Handel mit Ost-in-Edhil, der Stadt der Elben, die aus dem Mithril Sternenmond, Ithildin, schufen. Und über viele Jahrhunderte erblühte das prächtige Zwergenreich unter den mächtigen Felsen des Nebelgebirges, und es schien, als würden Reichtum, Ehre und Glück die ewigen und treuen Begleiter des stolzen Durin-Volkes. Doch es sollte anders kommen …

Zu Anfang war es nur ein böser Gedanke, eine dunkle Ahnung. Doch sie erstarkte und wurde zu einem Flüstern, verborgen im Schatten, erst undeutlich, dann immer klarer, und schließlich zerrissen ihre Worte die Stille des edlen Königreiches am Durinstag. Die einzelnen Silben wurden zurückgeworfen von den mächtigen Felswänden der großen Hallen in Khazad-dûm. Es waren die garstigen Wörter der einen Frage:

VERSTOSSEN DIE MINEN VON MORIA GEGEN BERGRECHT?

Die zugrunde liegende rechtliche Problematik kann zunächst ganz simpel zusammengefasst werden: Das den betreffenden rechtlichen Komplex abschließend regelnde Bundesberggesetz hat als bewährtes Instrument einer präventiven und laufenden Betriebskontrolle das bergbaurechtliche Betriebsplanverfahren übernommen, um der dynamischen Betriebsweise des Bergbaus und den besonderen Gefahren, mit denen bergmännische Arbeiten erfahrungsgemäß verbunden sind, mit eigenständigen Regelungen bezüglich der Sicherheit des jeweiligen der Aufsuchung, Gewinnung oder Aufbereitung dienenden Betriebs sowie dem zugrunde liegenden Arbeitsschutz umfassend gerecht zu werden.

Mit anderen Worten: Grundsätzlich dürfen Betriebe zur Gewinnung bestimmter Bodenschätze nur aufgrund von Betriebsplänen errichtet werden, die von der zuständigen Behörde zugelassen worden sind. Dies gilt insbesondere für die sogenannten bergfreien Bodenschätze, die in Abgrenzung zu den grundeigenen Bodenschätzen in § 3 Bundesberggesetz jeweils abschließend näher bezeichnet werden.[1] Ein genauer Blick in die entsprechende Bestimmung zeigt jedoch, dass das in Moria gewonnene Mithril in keinen dieser beiden Kataloge aufgenommen wurde. Dies beruht ganz offensichtlich auf einer schlichten Nachlässigkeit im Rahmen des Gesetzgebungsverfahrens unter der Verantwortung des damaligen Bundesministers für Wirtschaft, Otto Graf Lambsdorff, in der von Helmut Schmidt geführten sozialliberalen Koalition.[2] Daher ist Mithril tatsächlich weder als *bergfreier* noch als *grundeigener* Bodenschatz anzusehen, sondern fällt in eine dritte Kategorie,

---

1 Vgl. Weller/Kullmann, Bundesberggesetz, 1. Auflage 2012 Rn. 1 ff. zu § 3 BBergG.

2 Vgl. zur Entstehungsgeschichte des Bundesberggesetzes: Weller/Kullmann, Bundesberggesetz, 1. Auflage 2012, Einleitung Rn. 4.

die dem Bundesberggesetz nicht unterliegt. Mit dieser Begründung wird in der Fachliteratur von namhaften Juristen des Durin-Volkes – zu nennen ist hier insbesondere Professor Karibon – die Auffassung vertreten, die Minen von Moria bedürften keines Betriebsplanes. Diese Argumentation vermag jedoch letztlich nicht zu überzeugen. Ganz unstreitig werden in Khazad-dûm nicht nur Mithril, sondern darüber hinaus auch ganz profane unermessliche Bodenschätze abgebaut, wie sie im Einzelnen in § 3 Bundesberggesetz aufgeführt werden, allen voran Gold und Silber. Der Abbau dieser Bodenschätze stellt auch nicht nur einen geringen und im Verhältnis zu der Gewinnung von Mithril zu vernachlässigenden Nebenzweck des Betriebes dar, was insbesondere der Umfang in den Gesamthandelsverzeichnissen zwischen Khazad-dûm und Ost-in-Edhil eindrucksvoll belegt. Mithin bedurfte die Aufnahme des in Khazad-dûm eingerichteten Gewinnungsbetriebes insgesamt eines Betriebsplanes, der weder von Durin I. noch von einem seiner sechs Nachfolger, mögen sie nun Wiedergeburten sein oder nicht, aufgestellt und bei der örtlich zuständigen Behörde zum Zwecke der Zulassung eingereicht wurde. Der von einigen Zwergen augenzwinkernd vorgebrachte Vorschlag, man könne doch eine *kleine* Ausnahme machen, braucht hier nicht ernstlich diskutiert zu werden.

Die Zwerge haben also nicht nur zu tief und zu gierig gegraben, sondern auch unter Verstoß gegen die Betriebsplanpflicht des Bundesberggesetzes.

DURFTE
SAURON DIE FESTUNG
BARAD-DÛR
WIEDERAUFBAUEN?

Seit jeher haben die Bauwerke von Mittelerde eine bezaubernde Wirkung auf ihre Betrachter. Angefangen bei Bilbos begrünter Doppelhaushälfte über die mit herrlichem Ausblick nach Osten ausgestattete Reiheneckburg Helms Klamm bis hin zu Sarumans spartanischer Eigentumswohnung im Luxuswolkenkratzer Orthanc in Isengart. Die mit weitem Abstand größte Faszination übte jedoch zweifelsohne für viele Jahrhunderte Saurons Festung Barad-dûr in Mordor aus – übrigens auch gegenüber der zuständigen Finanzbehörde bei der Grundsteuerberechnung.

Bekanntlich wurde Barad-dûr – im Volksmund auch liebevoll »Schrecken aller freien Völker« genannt – im Jahr 3441 des Zweiten Zeitalters (teilweise) zerstört, was insbesondere aus kunsthistorischer Sicht äußerst bedauerlich war, galten die Hochbauten des »Dunklen Turms« doch als architektonische Hommage an die im Ersten Zeitalter leider gänzlich zerstörte Festung Angband. Gleichwohl ist die Wiedererrichtung Barad-dûrs im Jahr 2951 des Dritten Zeitalters baurechtlich höchst bedenklich.

DU KANNST NICHT VERBAUEN!

Das Baugesetzbuch sieht eine strikte Schonung des Außenbereiches vor. Der Außenbereich stellt dabei die Summe aller Flächen dar, die weder durch einen qualifizierten Bebauungsplan überplant sind noch den im Zusammenhang bebauten Ortsteilen zugerechnet werden können. Anders als Osgiliath, Minas Anor und Minas Ithil wurde für die gesamte Ebene von Gorgoroth weder ein qualifizierter noch ein einfacher Bebauungsplan im Sinne des Baugesetzbuches aufgestellt, sodass sich Zulässigkeit von Bauvorhaben grundsätzlich für diesen Bereich nach den §§ 34 und 35 Baugesetzbuch bestimmt. Infolge der unattraktiven Lage von Gorgoroth insbesondere aufgrund der stetigen Umgestaltung der Ebene durch die Lavaströme des Schicksalsberges, aber auch wegen der fehlenden Anbindung an das öffentliche Personennahverkehrssystem kam es in Jahrtausenden zu keiner Bebauung der Gegend, die den Eindruck einer Geschlossenheit vermittelt. Dementsprechend darf der gesamte Bezirk als Außenbereich im Sinne des § 35 Baugesetzbuch angesehen werden. Dies gilt auch und vor allem für den südlichen Vorsprung des Ered Lithui, auf dem sich die noch vorhandenen Grundmauern von Barad-dûr befunden haben.

Auch auf eine Zulässigkeit des Bauvorhabens nach § 35 Absatz 1 Baugesetzbuch kann sich Sauron nicht berufen. Es fehlt insoweit bereits an einer der ausdrücklich genannten Privilegierungen. Insbesondere ist Barad-dûr trotz der Züchtung von Wargs und Geflügelten Wesen nicht als landwirtschaftlicher Betrieb anzusehen. Denn unstreitig nimmt die Erzeugung von Warg-Milchprodukten und Geflügelten-Wesen-Eiern der Größe XXXXXL jedenfalls nur eine völlig untergeordnete Rolle ein. Darüber hinaus stünden einer Baugenehmigung zum Zweck der landwirtschaftlichen Nutzung von Barad-dûr auch öffentliche Belange entgegen. Zu diesen zählen – was ein Blick auf § 35 Absatz 3 Nummer 3 Baugesetzbuch erkennen lässt – die Gefahr schädlicher Umwelteinwirkungen, zu denen selbst bei zurückhaltender Auslegung die völlige Zerstörung ganzer Landstriche wie etwa der nordöstlichen Ebene Lithlad ohne Weiteres zu rechnen ist.

KEINE AUSNAHME FÜR DUNKLE HERRSCHER

Auch eine Ausnahmegenehmigung konnte nicht erteilt werden, da von der Festung auf dem südlichen Vorsprung des Ered Lithui lediglich noch die Grundmauern standen. Zunächst ist insoweit festzuhalten, dass Barad-dûr zu keinem Zeitpunkt materiell legal errichtet worden ist, sodass aus dem Gesichtspunkt des Bestandsschutzes kein Anspruch auf Erteilung einer Genehmigung besteht. Ferner hat Barad-dûr durch seine Zerstörung im Jahr 3441 seinen vornehmlichen Zweck, die Unterdrückung der freien Völker, ebenso verloren wie seinen Charakter als Wohnhaus. Erst seit dem Jahr 2941 des Dritten Zeitalters wird die Festung wieder verwendet, um die freien Völker Mittelerdes zu unterjochen. Zwar akzeptiert das Bundesverwaltungsgericht großzügig auch eine mehrjährige Phase, in denen das Bauwerk nicht zu seinem ursprünglichen Zweck genutzt werden muss. Mit rund zweitausend Jahren dürfte dieser von der Rechtsprechung zugebilligte Zeitraum jedoch überschritten worden sein.

Letztlich verfängt auch der Versuch nicht, das Bauvorhaben mit dem Hinweis auf die in vielen Teilen Mittelerdes nach dem Zerfall des Letzten Bündnisses (3430 bis 3441 Zweites Zeitalter) zu beobachtende »Konversion militärischer Liegenschaften« zu rechtfertigen. Da auch das wiedererrichtete Barad-dûr unstreitig vornehmlich der Kriegsführung dienen sollte, fehlt es bereits an der für eine Konversion zwingenden Umwandlung einer militärischen Nutzung in eine zivile.[1]

---

1 Dass das Vorhaben darüber hinaus eine ausreichende Anzahl von Stellplätzen vermissen lässt und kaum über barrierefreie Zugänge verfügt, kann letztlich dahingestellt bleiben.

Demzufolge musste Sauron jederzeit mit einer Abriss-verfügung der zuständigen Bauaufsichtsbehörde für das formell und auch materiell eindeutig baurechtswidrig er-richtete Vorhaben Barad-dûr rechnen. Der dunkle Herr-scher von Mordor hat – unjuristisch formuliert – sehr großes Glück, dass mit der Zerstörung des einen Ringes auch seine baurechtswidrige Festung zerstört worden ist. Allerdings wird ihn dies jedoch kaum vor einem gepfef-ferten Bußgeld im Rahmen eines Ordnungswidrigkeiten-verfahrens schützen können.

SIND

MORGUL-KLINGEN

VÖLKERRECHTSWIDRIG?

Von allen entsetzlichen Waffen, die in den Ländern Mittelerdes Verwendung finden, ist wohl die gefürchtetste die Morgul-Klinge, benannt nach ihrer Hauptproduktionsstätte, dem Wohnsitz des Fürsten der Nazgûl, Minas Morgul[1]. Diese Marketing-Idee übernahm der Hexenkönig von Angmar möglicherweise von der Kölner Parfümerie 4711 – was jedoch bisher nicht eindeutig belegt werden konnte. Das prominenteste Opfer einer Morgul-Klinge ist ohne Zweifel Frodo Beutlin, dem auf

---

1 In der Nebenproduktionsstätte Dol Guldur gefertigte Morgul-Klingen sind an der Unterseite des Griffes mit DG gekennzeichnet.

der Wetterspitze
mit einer Morgul-
Klinge die linke Schulter
durchbohrt wird.[1] Übrigens
vom Hexenkönig von Angmar
höchstpersönlich – eine gekonnte PR-Ak-
tion. Obwohl sich Frodos Wunde schnell wieder schließt
und nur eine weiße Stelle zurückbleibt, verursacht die
zurückbleibende Spitze des Morgul-Messers – trotz Erster Hilfe Aragorns – eine Taubheit in Frodos gesamtem
linken Arm und seine allmähliche Verwandlung in einen
Geist. Erst nach einem längeren stationären und inten-
sivmedizinischen Aufenthalt in Bruchtal und mit Hilfe
von Elronds Elben-Heilkunde, die als Chefarztbehand-
lung abgerechnet werden kann, regeneriert sich Frodo –
wenn auch nicht vollends. In Anbetracht dieser ganz erheblichen Verletzungsfolgen, die durch die Nazgûl-Waffen
verursacht werden, fragt T. Bombadil 2134 zu Recht:

SIND MORGUL-KLINGEN VÖLKERRECHTSWIDRIG?

Naheliegend ist hier ein Verstoß der Morgul-Klingen gegen die Gesetze und Gebräuche des Landkrieges, die sogenannte Haager Landkriegsordnung. In Betracht kommt

---

1 Vgl. J.R.R. Tolkien, *Der Herr der Ringe*, Band I, *Die Gefährten*,
Ein Messer im Dunkeln.

insoweit zunächst eine Verletzung von Artikel 23 Buchstabe a, der die Verwendung vergifteter Waffen untersagt. Tatsächlich beruht die Annahme, eine Morgul-Klinge sei vergiftet, jedoch auf einer missverständlichen Äußerung Aragorns, der nach der Verwundung Frodos erklärt, »da ist irgendein Gift oder etwas Böses am Werk«.[1] Die Wirkung einer handelsüblichen Nazgûl-Klinge beruht allerdings nachweislich nicht auf einer Vergiftung, sondern auf ganz simpler dunkler Magie, was sich bereits aus dem Marken-Namen ergibt: »Morgul« ist Sindarin und bedeutet »dunkle Magie«. Auch die Reaktion einer Morgul-Klinge mit Sonnenlicht, nämlich das Schmelzen und Verschwinden »wie Rauch in der Luft«[2], ist geradezu typisch für eine Verwendung dunkler Magie. Insoweit sei übrigens der Vollständigkeit halber darauf hingewiesen, dass diese Reaktion kein Sachmangel im Sinne des § 434 Bürgerliches Gesetzbuch ist, sondern die übliche Beschaffenheit einer durchschnittlichen Morgul-Klinge im Sinne des § 434 Absatz 3 Satz 1 Nummer 2 Bürgerliches Gesetzbuch darstellt.

Allerdings fallen Morgul-Klingen unter Artikel 23 Buchstabe e der Haager Landkriegsordnung, wonach der Gebrauch von Waffen, Geschossen und Stoffen untersagt ist, die geeignet sind, unnötige Leiden zu verursachen. Zu

---

1 Vgl. J.R.R. Tolkien, *Der Herr der Ringe*, Band I, *Die Gefährten*, Flucht zur Furt.

2 Vgl. ebd.

derartigen unnötigen Leiden zählen nach ganz herrschender Ansicht in der Fachliteratur und der Rechtsprechung sowohl das niemals vollständige Ausheilen einer Morgul-Wunde als auch die als äußerst unangenehm und bedrückend empfundene Verwandlung in einen Untoten. Denn derartige Qualen sowohl körperlicher als auch seelischer Natur gehen nach Stärke und Dauer über das für die Tötung erforderliche Maß ganz erheblich hinaus.

Abschließend bleibt festzustellen, dass der Einsatz von Morgul-Klingen ganz eindeutig einen schweren Verstoß gegen das Kriegsvölkerrecht darstellt. Im Übrigen dürfen sie ab dem achtzehnten Lebensjahr frei erworben, allerdings im öffentlichen Raum nicht bei sich geführt werden – außer bei Brauchtumsveranstaltungen.[1]

---

1 Vgl. insoweit die Ausführungen in Kapitel IV.1.: »Benötigt man für ein Lichtschwert einen Waffenschein?«.

TEIL 3

HARRY, HOGWARTS
UND DIE
HEXEN

DARF ICH AUF EINEM
BESEN
FLIEGEN?

D ie Welt der magischen Luftfahrt erlebt den größten Wandel, seit Guthrie Lochrin im Jahr 1107 von Montrose nach Arbroath die erste größere Strecke mit einem fliegenden Besen zurücklegte.[1] In den kommenden zwanzig Jahren werden voraussichtlich infolge der geplanten Abschaffung der Verbrennungsmotoren in Teilen der Muggelwelt Flugautos mit Unsichtbarkeits-Servoantrieb nur noch eine Seltenheit sein. Ihre Anzahl wird davon abhängen, wie liebevoll derartige Oldtimer

---

1   Vgl. Kennilworthy Whisp, *Quidditch im Wandel der Zeiten.*

gepflegt und instandgehalten werden. Daher ist mit einer weiteren Zunahme fliegender Besen zu rechnen, insbesondere da das gerade im ländlichen Bereich unzureichend ausgebaute öffentliche Personennahflohnetzwerk keine wirkliche Alternative darstellt. Deshalb überraschte es wenig, als mich die Frage von Jürgen L. Weasley III, Auszubildender zum Zierfischfachverkäufer in Bielefeld, erreichte:

DARF ICH AUF EINEM BESEN FLIEGEN?

Gemäß § 1 Luftverkehrsgesetz ist die Benutzung des Luftraumes durch Luftfahrzeuge grundsätzlich frei. Zu den Luftfahrzeugen zählen neben klassischen Flugzeugen, Drehflüglern, Motorseglern und Luftschiffen auch sonstige für die Benutzung des Luftraumes bestimmte Geräte, sofern sie in einer Höhe von mehr als dreißig Metern über Grund oder Wasser betrieben werden können[1], also auch ein handelsüblicher Flugbesen. Benötigt wird jedoch eine Verkehrszulassung, sodass insbesondere eine Haftpflichtversicherung erforderlich ist, zur Deckung der Ansprüche auf Schadensersatz, für Verletzungen und Zerstörungen von Personen bzw. Gegenständen, die nicht mit dem Flugbesen befördert werden.[2] Die weiter-

---

1 Vgl. § 1 Absatz 2 Nr. 11 Luftverkehrsgesetz.

2 Vgl. § 2 Absatz 1 Satz 2 Nr. 3 Luftverkehrsgesetz.

hin erforderliche Musterzulassung[1] wird bezüglich der gewöhnlichen Flugbesen insbesondere der Marke Nimbus durch das gemeinsame Magische-Flughilfsmittel-Musterzulassungsabkommen (MaFluhimiMuZu) von 1924 gewährleistet.

Darüber hinaus bedarf der Flugbesenführer einer Erlaubnis und muss insbesondere das vorgeschriebene Mindestalter besitzen.[2] Bei Flugbesen, die mangels klassischer Motorisierung einem Segelflugzeug gleichzusetzen sind, beträgt das Mindestalter sechzehn Jahre. In diesem Zusammenhang ist dringend darauf hinzuweisen, dass es dem Flugbesenführer untersagt ist, den Flugbesen zu bedienen oder zu führen, wenn er unter dem Einfluss von Alkohol, psychoaktiven Substanzen – hierzu zählen auch Zaubertränke mit entsprechender Wirkweise – oder bewusstseinsverändernden Zaubersprüchen und -flüchen steht.[3]

---

1 Vgl. § 2 Absatz 1 Satz 2 Nr. 1 und Absatz 2 Luftverkehrsgesetz.

2 Vgl. § 4 Absatz 1 Nr. 1 Luftverkehrsgesetz.

3 Vgl. hierzu § 4a Absatz 1 Satz 1 Luftfahrgesetz und die entsprechende Durchführungsverordnung des Zaubereiministeriums Nr. 3244/4711.

Diese Voraussetzungen
sowie insbesondere die bei
Beantragung der entsprechenden Zulassungen und Prüfungen anfal-
lenden Bearbeitungsgebühren schrecken nicht
wenige Interessenten von der Anschaffung eines fliegenden Besens ab. Daher ist in den letzten Jahren zunehmend ein Umsteigen auf geflügelte Pferde und Drachen festzustellen. Dies ist durchaus nachvollziehbar,
bedürfen doch Hippogreife, Abraxaner und Thestrale

ebenso wenig eine Erlaubnis oder eine Verkehrszulassung wie Drachen, da sie als lebende magische Wesen unstreitig nicht unter das Luftverkehrsgesetz fallen. Der Umstieg vom Nimbus 2000 auf den Ungarischen Hornschwanz stellt deshalb eine echte Alternative dar, zumal bei der Benutzung einiger magischer Flugwesen auch ein Anspruch auf EU-Fördermittel gegeben sein kann.

Weiterhin nicht abschließend geklärt ist die Frage, ob auf dem europäischen Markt fliegende Teppiche als magische Flughilfsmittel zugelassen werden sollen. Bekanntlich sind diese gegen den Protest einiger Staaten nicht in das MaFluhimiMuZu von 1924 aufgenommen worden, obwohl sie eine deutlich größere Kapazität als fliegende Besen haben und deshalb besonders für Familien mit mehreren Kindern geeignet sind. Jedoch wurde seit dem (fehlgeschlagenen) Vorstoß des Teppichhändlers Ali Bashir im Jahr 1994[1] kein weiterer ernsthafter Versuch unternommen, den fliegenden Teppich jedenfalls mittels einer Probezulassung innerhalb der Europäischen Union zu etablieren. Es lässt sich kaum bestreiten, dass die unnachgiebige Haltung des Zaubereiministeriums, das den Teppich als nicht-verhexbares Muggelartefakt einstuft, die Möglichkeit einer Weiterentwicklung des Flugteppichs als Fort-

---

1 Vgl. Joanne K. Rowling, *Harry Potter und der Feuerkelch*, Kapitel 7 und 23.

bewegungsmittel von vornherein zunichtemacht. Diese fortschrittsfeindliche Einstellung ist – darauf muss in aller Deutlichkeit hingewiesen werden – eher typisch für einen Muggel als für einen Zauberer.

IST DER

ORDEN
DES PHÖNIX

EINE RECHTSWIDRIGE
VEREINIGUNG?

Die gesamte PR-Arbeit von Tom M. Riddle alias Lord Voldemort kann mit einem einzigen Wort beschrieben werden: Totalversagen! Bereits die Wahl seines Künstlernamens beweist wenig Gespür für den Gedanken eines positiven Images. Auch die Bezeichnung Todesser für den von Riddle gegründeten Verein ist wenig glücklich gewählt und wird nur noch vom Firmenlogo in den Schatten gestellt – ein Totenkopf, dessen Zunge sich in eine Schlange verwandelt. Schließlich hätte jeder Stilberater, der sein Geld wert ist, Riddle dringend von der Idee abraten müssen, aufzutreten wie Imperator Palpatines hässlicher Cousin zweiten Grades ohne Krankenversicherung.

Wie PR wirklich geht, das zeigt eindrucksvoll das Berater-Team von Albus Dumbledore. Allein seine Inszenierung als Opa Santa Claus mit lustiger und geschlechtsunspezifischer Kleidung ist ein wahres Meisterwerk strategischer Vermarktung. Sie fügt sich nahtlos ein in die perfekte Auswahl des Vereinsnamens, welcher bei jedem Hörer und Leser unterbewusst das hübsche Bild des freundlichen Immer-wieder-Auferstehungspapageis suggeriert.

Diesen Umständen verdankt der Orden des Phönix, dass er in der öffentlichen Wahrnehmung als Gruppe der aufrichtigen, ehrlichen und rechtstreuen Bürger erscheint. Doch ist dieser Eindruck berechtigt? Betrachten wir den Phönixorden etwas genauer, losgelöst von den Tricks erfahrener PR-Strategen. Bekanntlich ist Justitia blind und entscheidet ohne Ansehen der Person allein anhand bewiesener Tatsachen und auf der Grundlage des geltenden Rechts. Daher darf Dolores U. eine rechtlich sauber begründete Antwort auf die Frage erwarten:

IST DER ORDEN DES PHÖNIX EINE RECHTSWIDRIGE VEREINIGUNG?

Der von Albus Dumbledore in den Siebzigerjahren des vergangenen Jahrhunderts gegründete Orden des Phönix ist tatsächlich unter strafrechtlichen Aspekten nicht unbedenklich. Es könnte sich nämlich insoweit um eine sogenannte bewaffnete Gruppe im Sinne des § 128 Strafgesetzbuch handeln, mit der Folge, dass nicht nur seine Bildung, sondern auch ein Anschluss an den Orden und seine Unterstützung mit einer Freiheitsstrafe von bis zu zwei Jahren oder mit Geldstrafe geahndet werden kann.

Eine Gruppe ist dabei eine Mehrheit von Personen, die sich zu einem gemeinsamen Zweck zusammengeschlossen hat. Eine militärische Organisation mit Befehls- oder Kommandostrukturen – wie sie die Todesser wohl charakterisiert – ist nicht erforderlich.[1] Auch wenn in der einschlägigen Literatur teilweise ein Zusammenschluss von mehr als drei Personen verlangt wird, ist diese Voraussetzung beim Phönixorden zweifelsohne sowohl bei seiner ursprünglichen Gründung als auch nach seiner Neueinberufung gegeben. Denn auch der Orden des Phönix 2.0 verfügt konstant über deutlich mehr als drei Mitglieder – selbst unter Berücksichtigung des nicht ganz freiwilligen Ausscheidens von Sirius Black, Severus Snape, Albus Dumbledore, Alastor »Mad-Eye« Moody, Remus Lupin, Tonks, Fred Weasley und Emmeline Vance in den Jahren 1996 bis 1998.

---

1 Vgl. Schäfer/Anstötz, Münchener Kommentar zum StGB, 4. Auflage 2021, Rn. 10 zu § 127 StGB (a.F.).

Auch verfügt der Orden über Waffen im technischen Sinn. Insoweit ist es nach ganz herrschender Auffassung ausreichend, dass die Gruppe und nicht jedes einzelne Gruppenmitglied auf Waffen oder andere gefährliche Werkzeuge Zugriff hat.[1] Es genügt, wenn die Waffen zentral verwahrt und im Einzelfall an die Mitglieder herausgegeben werden, solange die Gruppenmitglieder ohne großen Aufwand Zugriff auf die Waffen erlangen können.[2] Zwar sind die Zauberstäbe der einzelnen Mitglieder des Phönixordens keine Waffen oder gefährliche Gegenstände, da nach der höchstrichterlichen Rechtsprechung keinerlei strafrechtlich relevante Zauberei existiert.[3] Jedoch besitzt der Orden des Phönix nachweislich Fern- sowie Hieb- und Stoßwaffen, namentlich die von dem Gruppenmitglied Rubeus Hagrid vorrätig gehaltene Armbrust und das zumindest jedem wahren Gryffindor zur Verfügung stehende Schwert von Godric Gryffindor. Unerheblich ist insoweit, dass nicht alle Mitglieder der Gruppe dem Haus Gryffindor angehören, da es ausreicht, wenn ein Teil der Gruppe mit Waffen ausgestattet ist.[4]

---

1 Vgl. Lackner/Kühl/Heger, StGB, 30. Auflage 2023, Rn. 2 zu § 128 StGB.

2 Vgl. Bundesgerichtshof, Urteil vom 14.06.2018, Az.: 3 StR 585/17; NJW 2018, 2970 (2973).

3 Vgl. hierzu das Kapitel: »Sind unverzeihliche Flüche strafbar?«.

4 Vgl. Bundesgerichtshof, Urteil vom 14.06.2018, Az.: 3 StR 585/17; NJW 2018, 2970 (2973).

Weiterhin handeln die Mitglieder des Phönixordens auch unbefugt im Sinne des Gesetzes, da ihre Tätigkeit nicht durch die nach Bundes- oder Landesrecht zuständigen Stellen gebilligt oder sonst auf Grund völkerrechtlicher Regeln gerechtfertigt ist.[1] In diesem Zusammenhang ist darauf hinzuweisen, dass der Orden nicht einmal eine ausdrückliche Erlaubnis vom Zaubereiministerium vorweisen kann, geschweige denn eine solche der regulären örtlich zuständigen Behörden.

Die Ordensmitglieder können sich auch nicht auf einen Rechtfertigungsgrund berufen. Zwar kann nicht abgestritten werden, dass von der Bewegung der Todesser unter dem Vorsitz von Lord Voldemort rückblickend betrachtet möglicherweise eine nicht ganz unerhebliche Gefahr ausging. Jedoch scheidet wegen des Gewaltmonopols des Rechtsstaates regelmäßig insbesondere der rechtfertigende Notstand als Grund für die Bildung von »Selbstverteidigungsgruppen« aus.[2]

Rechtlich betrachtet ist der Orden des Phönix eine bewaffnete Gruppe im Sinne des § 128 Strafgesetzbuch. Seine Bildung ist ebenso eine Straftat wie der Anschluss an den Orden oder seine Unterstützung. Interessant

---

1 Vgl. Schäfer/Anstötz, Münchener Kommentar zum StGB, 4. Auflage 2021, Rn. 37 zu § 127 StGB (a.F.).

2 Vgl. Schäfer/Anstötz, Münchener Kommentar zum StGB, 4. Auflage 2021, Rn. 40 zu § 127 StGB (a.F.).

wäre die Prüfung der Strafbarkeit des Vereins der Tod-esser. Möglicherweise ist er – objektiv betrachtet – nur eine harmlose Gruppe von Zaubereiaktivisten, die sich gegen eine kulturelle Aneignung engagiert, welche seit vielen Jahren bezüglich der den echten Zauberer- und Hexenfamilien entstammenden Gebräuche und Sitten ohne Genehmigung, Anerkennung oder Entschädigung seitens der eindeutig dominanten Muggelstämmigen erfolgt.

VERSTÖSST DER EINSATZ VON
POSTEULEN
GEGEN DEN
ARTENSCHUTZ?

Obwohl sie von Newt Scamander nicht als magisches Tierwesen beschrieben wird, ist die Eule ein unschätzbarer und treuer Begleiter von Zauberern und Hexen in der gesamten magischen Welt. Viele Exemplare verfügen bekanntlich über magische Fähigkeiten, die es ihnen ermöglichen, Personen an den entlegensten und ungewöhnlichsten Orten aufzuspüren. Daher ist es kein Wunder, dass sie in der magischen Welt seit langer Zeit als Posteulen eingesetzt werden, zumal sie gegenüber sonstigen bei der Briefzustellung verwendeten nichtmagischen Tieren, insbesondere der Brieftaube, nicht nur über den besseren Spürsinn, sondern auch über eine erheblich höhere Traglast verfügen.

Der reibungslose Einsatz von Posteulen ist allerdings nicht wenigen Postdienstleistern mit Muggelhintergrund ein Dorn im Auge, stellen sie doch eine ernst zu nehmende Konkurrenz in einem ohnehin stark umkämpften Markt dar. Immer mehr Kunden wechseln zur Posteule, nicht zuletzt auch aufgrund des großen Pflichtbewusstseins jener Wesen, von denen einige Exemplare sogar bereit sind, einen auf ihren Kunden gerichteten Todesfluch unter Einsatz ihres eigenen Lebens abzufangen[1] – eine Geste, die bisher weder bei Briefträgern der Deutschen Post noch bei Paketzustellern von UPS oder Hermes beobachtet werden konnte. Aufgrund jenes Konkurrenzdruckes versuchen Postdienstleister zunehmend und unter dem Deckmantel des Artenschutzes, den Einsatz von Posteulen insgesamt einzuschränken.

Tatsächlich ist die Nutzung von Eulen zur Postbeförderung rechtlich nicht unproblematisch. Gemäß Artikel 8 Verordnung EG Nr. 338/97 des Rates vom 9. Dezember 1996 über den Schutz von Exemplaren wild lebender Tier- und Pflanzenarten durch Überwachung des Handels (Artenschutz-Verordnung) sind sowohl der Erwerb bestimmter unter Anhang A der Verordnung aufgeführten Arten als auch deren kommerzielle Verwendung verboten. Zu jenen Arten zählen die sogenannten eigentlichen Eulen, vor allem auch die in Zauberer- und Hexenkreisen seit 1997 zur Postbeförderung bevorzugt

---

1 Vgl. *Harry Potter und die Heiligtümer des Todes – Teil 1*, 2010.

genutzten Schnee-Eulen (Nyctea scandiaca) und Bart-kauze (Strix nebulosa).[1] Kommerzielle Zwecke im Sinne der Verordnung verfolgt, wer zumindest auch einen wirtschaftlichen Vorteil oder wirtschaftlichen Nutzen durch die konkrete Verwendung anstrebt.[2] Hierzu zählen freilich auch jene wirtschaftlichen Vorteile, die aus der Ersparung von Aufwendungen wie etwa marktüblichen Beförderungskosten für Briefe, Pakete und Päckchen resultieren. Auch die bei Zauberern und Hexen regelmäßig durch Posteulen vorgenommenen Zustellungen von Zeitungs- und Zeitschriftenabonnements wie dem *Klitterer* oder dem *Tagespropheten* sowie die durch die Posteulen bei jenen Gelegenheiten erfolgende Übermittlung des entsprechenden Kaufpreises sind eindeutig als kommerzielle Nutzung in diesem Sinne anzusehen.

Das seitens der kommerziellen Muggel-Postdienstleister angestrebte weitreichende Verbot der Posteulen darf daher nicht auf die leichte Schulter genommen werden, zumal nicht unerhebliche strafrechtliche Konsequenzen bei einem weiteren Einsatz von Posteulen drohen. Gemäß § 71 Absatz 1 und Absatz 2 Nr. 2 Bundesnaturschutzgesetz wird mit Freiheitsstrafe bis zu fünf Jahren oder Geldstrafe bestraft, wer entgegen Artikel 8 Absatz 1 der Ver-

---

1 Vgl. Anhang A der Verordnung EG NR. 338/97 (Artenschutz-Verordnung).

2 Vgl. Flatter/Landmann/Rohmer, Umweltrecht, Werkstand: 99 Ergänzungslieferung, 2022, Rn. 10 zu § 71 BNatSchG.

ordnung (EG) Nr. 338/97 ein Exemplar einer in Anhang A genannten Art – und damit auch der Eule – zu kommerziellen Zwecken erwirbt oder verwendet.

In diesem Zusammenhang wird den Vertretern der magischen Welt dringend empfohlen, die Aufnahme einer Ausnahmebestimmung in die Verordnung EG Nr. 338/97 zu erwirken, nach welcher jedenfalls solche Eulenexemplare von der engen Artenschutzregelung ausgenommen sind, bei denen gegenüber der zuständigen Behörde ein Nachweis über das Vorhandensein magischer Fähigkeiten erbracht wird.

SIND
UNVERZEIHLICHE FLÜCHE
STRAFBAR?

Obwohl eine strafrechtliche Betrachtung der dunklen Künste insgesamt durchaus angezeigt ist, da auch das Brauen von Zaubertränken oder die Züchtung einiger magischer Kreaturen wie etwa Basilisken juristisch nicht ganz unbedenklich ist, sollen in diesem Kapitel allein die unverzeihlichen Flüche einer näheren rechtlichen Prüfung unterzogen werden. Diese Priorisierung ist durchaus angemessen, berücksichtigt man, dass bereits 1717 die zaubereigesetzliche Einstufung dieser drei Flüche als unverzeihlich erfolgte[1], welche seitdem unverändert Bestand hat. Die seitens des Zaubereiministeriums angedrohte und regelmäßig auch konsequent durch den Zaubergamot verhängte zaubereigesetzliche Folge

---

1 Vgl. *Die Märchen von Beedle dem Barden*, dort: Fußnote zu *Babbitty Rabbity und der gackernde Baumstumpf.*

ist gemeinhin bekannt. Es stellt sich jedoch die Frage, ob unverzeihliche Flüche daneben auch nach dem Strafgesetzbuch geahndet werden können. Insoweit sollen zunächst die von dem jeweiligen unverzeihlichen Fluch offensichtlich berührten Straftatbestände näher betrachtet werden:

CRUCIO

Der Cruciatus-Fluch erfüllt augenscheinlich den Straftatbestand der vorsätzlichen Körperverletzung[1] jedenfalls in Gestalt der ersten Tatmodalität, nämlich der körperlichen Misshandlung. Hierunter ist jede unangemessene Behandlung zu verstehen, durch die das Opfer in seinem körperlichen Wohlbefinden[2] beeinträchtigt wird. Insbesondere die Zufügung von Schmerzen, sofern diese in mehr als nur unerheblichem Grad erfolgt, erfüllt jene Voraussetzung. Der Cruciatus-Fluch erzeugt, sofern er mit ungerechtfertigtem Zorn ausgesprochen wird, bei seinem Opfer unmittelbar fürchterliche Qualen und Schmerzen, sodass seine Anwendung zweifelsohne als körperliche Misshandlung angesehen werden kann. Darüber hinaus kann der Fluchende im Einzelfall auch den Tatbestand der schweren Körperverletzung[3] erfüllen, wenn

---

1 Vgl. § 223 Strafgesetzbuch.

2 Oder seiner körperlichen Unversehrtheit.

3 Vgl. § 226 Strafgesetzbuch.

das Opfer in sogenanntes Siechtum verfällt. Siechtum beschreibt nach der höchstrichterlichen Rechtsprechung einen chronischen Krankheitszustand, der den Gesamtorganismus ergreift, ein Schwinden der Körper- und Geisteskräfte zur Folge hat und dessen Heilung ausgeschlossen oder nicht absehbar ist.[1]

Derartige Folgen sind regelmäßig bei Personen zu beobachten, die dem Cruciatus-Fluch für eine längere Zeit ausgesetzt waren. Typische Symptome jener Verfluchten sind eine frühzeitige Haaralterung, das Nichterkennen engster Verwandter sowie das sinnfreie Verschenken von leerem Süßigkeiten-Verpackungspapier. Trotz intensiver Betreuung insbesondere auf der spezialisierten Janus-Thickey-Langzeitstation für Fluchgeschädigte des renommierten St.-Mungo-Hospitals für magische Krankheiten und Verletzungen in London, sind signifikante Heilerfolge bedauerlicherweise nicht zu verzeichnen.

IMPERIO

Der Imperius-Fluch mag zwar auf den ersten Blick lediglich den (offensichtlichen) Tatbestand der Nötigung[2] erfüllen. Begeht jedoch der Verfluchte, während er unter dem Fluch des Fluchenden steht und auf Befehl des Fluchen-

---

1 Vgl. Entscheidungen des Reichsgerichts in Strafsachen Band 72, S. 346.

2 Vgl. § 240 Strafgesetzbuch.

den, eine strafbare Handlung, ist der Verfluchte regelmäßig als Werkzeug des Fluchenden anzusehen, sodass
der Fluchende seinerseits vom »Fluch« der sogenannten
mittelbaren Täterschaft[1] getroffen und so bestraft wird, als
hätte er – der Fluchende selbst – die Straftat begangen.
Verflucht kompliziert.

AVADA KEDAVRA

Schließlich erfüllt auch der letzte der drei unverzeihlichen
Flüche, der durch die Zauberformel »Avada Kedavra« be-
schworene Todes-Fluch, den Tatbestand des Totschlags[2]
bzw. bei Hinzutreten eines Mordmerkmales sogar den
Tatbestand des Mordes[3]. Insbesondere der für beide De-
likte[4] notwendige tatbestandliche Erfolg, nämlich die Verursachung des Todes eines anderen Menschen, wird durch
den korrekt angewendeten Todes-Fluch ganz regelmäßig

---

1 Vgl. § 25 Absatz 1, 2 Alternative Strafgesetzbuch.

2 Vgl. § 212 Strafgesetzbuch.

3 Vgl. § 211 Strafgesetzbuch.

4 Es darf insoweit dahingestellt bleiben, ob Mord eine Qualifikation
oder einen selbstständigen Tatbestand darstellt.

herbeigeführt – auf die bestätigenden Ausführungen der sachverständigen Zeugen S. Black († 18.06.1996), A. Dumbledore († 30.6.1997), C. Diggory († 24.06.1995) und J. Potter († 31.10.1981) sei insoweit zwecks Vermeidung von Wiederholungen Bezug genommen.

EIN VERSAGEN DER MUGGEL-JUSTIZ?

Nach diesen Ausführungen dürfte es überraschen und zugleich empören, dass bisher sämtliche Anwender eines unverzeihlichen Fluches strafrechtlich nicht zur Verantwortung gezogen worden sind. Ursächlich hierfür ist eine massive Ignoranz sowohl der deutschen Rechtsprechung als auch der gesamten Strafrechtslehre nicht nur gegenüber den dunklen Künsten, sondern jeglicher Magie überhaupt. Tatsächlich sind nach der in der deutschen Rechtsprechung und Lehre absolut herrschenden Meinung magische Kräfte gänzlich ungeeignet, einen strafrechtlichen Erfolg herbeizuführen. Deshalb wird der Versuch, mittels eines Todes-Fluches einen anderen Menschen zu töten, als gänzlich untauglich eingestuft und bleibt demzufolge straflos. Das Beschwören des Todes-Fluches ist daher nach der einschlägigen höchstrichterlichen Rechtsprechung kein tatbestandsmäßiger Vorgang eines Tötungsdeliktes. Das gilt ohne Rücksicht darauf, ob der Erfolg, also der Tod des Avada-Kedavra-Opfers, ausbleibt oder eintritt. Entsprechendes gilt für den Imperius- und den Cruciatus-Fluch mit der schier unglaublichen Folge, dass sich in der gesamten deutschen Rechtsprechung der vergangenen hundert Jahre nicht eine einzige Verurteilung wegen der Beschwörung eines unverzeihlichen Fluches findet. Auch beruht es allein auf einer Missachtung der Orthografie und nicht etwa auf einer Anerkennung der Zauberei, dass gelegentlich ein deutsches Gericht einen Haftbefehl wegen *Fluchgefahr* erlässt.

Zusammenfassend bleibt festzuhalten, dass derjenige, der einen unverzeihlichen Fluch ausspricht, von der deutschen Strafgerichtsbarkeit nichts zu befürchten hat. Freilich beschert es ihm einen lebenslangen Aufenthalt in Askaban. Auch nicht schön.

DÜRFEN
UNSICHTBARE AUTOS
AM
STRASSENVERKEHR
TEILNEHMEN?

Verzauberte Muggelgegenstände sind keine Besonderheit, sondern seit Jahrzehnten fester Bestandteil nahezu jeden Haushalts – von Hexen und Zauberern ebenso wie von Muggeln. Angefangen von der verzauberten und deshalb sockenfressenden Waschmaschine über den Butter unsichtbar machenden Kühlschrank, wobei letzterer ganz überwiegend in der Männervariante anzutreffen ist. Auch magische Kleinstgegenstände wie sich versteckende Schlüssel und Brillen gehören zu den klassischen verzauberten Muggelartefakten. Freilich sind nicht alle so harmlos, was der einige Jahre zurückliegende bedauerliche Zwischenfall mit dem verzauberten Teeservice aus der Haushaltsauflösung einer verstorbenen Hexe eindrucksvoll zeigt.[1] Insbesondere solche Artefakte, die nicht nur mit dem kleinen Personenkreis eines gewöhnlichen Haushaltes in Berührung kommen, sondern mit einer unbekannten Vielzahl von Personen, bedürfen daher der besonderen Aufmerksamkeit. Zu diesen Gegenständen zählen in erster Linie verzauberte Transportmittel. Wurde der erste Unsichtbarkeits-Servoantrieb noch in einen Ford Anglia 105E Deluxe eingebaut, um dessen eher unterdurchschnittliche Flugeigenschaften vor der Muggelgemeinde zu verbergen, erfreuen sich vergleichbare Installationen magischer Unsichtbarkeitsmechanismen zunehmend wachsender Beliebtheit, was insbesondere auf die in vielen Großstädten erheblich gestiegenen Parkgebühren zurückzuführen sein dürfte. Die Benutzung unsichtbarer Personenkraftwagen ist jedoch straßenverkehrsrechtlich nicht ganz unproblematisch. Um Scherereien mit den Ordnungsbehörden zu vermeiden, die bekanntlich im Vergleich zu einer Auseinandersetzung mit dem Büro gegen den Missbrauch von Muggelartefakten äußerst unangenehm werden können, sollten daher die nachfolgenden Ausführungen bei dem Betrieb eines unsichtbaren Kraftfahrzeuges genauestens beachtet werden.

Obwohl es von namhaften Juristen immer wieder auf der alljährlichen Verkehrsrechtstagung gefordert wird, hat es

---

1 Vgl. *Harry Potter und die Kammer des Schreckens*, 1998.

der Gesetzgeber bisher versäumt, eine explizite Regelung in die Straßenverkehrsordnung aufzunehmen, die sich zu der Teilnahme am Straßenverkehr mit unsichtbaren Verkehrsmitteln insgesamt verhält. Dementsprechend ist ein Rückgriff auf allgemeine Grundsätze erforderlich, um die Frage der Zulässigkeit hinreichend beantworten zu können.

Gemäß den Grundregeln der Straßenverkehrsordnung erfordert die Teilnahme am Straßenverkehr ständige Vorsicht und gegenseitige Rücksicht.[1] Jeder Verkehrsteilnehmer hat sich so zu verhalten, dass kein anderer geschädigt, gefährdet oder mehr, als nach den Umständen unvermeidbar, behindert oder belästigt wird.[2] Eine Gefährdung anderer Verkehrsteilnehmer, die ihre Ursache in den Grenzen der menschlichen visuellen Wahrnehmung hat, behandelt die Straßenverkehrsordnung an verschiedenen Stellen. So ist ausdrücklich die Benutzung der vorgeschriebenen Beleuchtungseinrichtungen während der Dämmerung, bei Dunkelheit oder wenn die Sichtverhältnisse es sonst erfordern[3] zwingend, damit Verkehrsteilnehmer von anderen Verkehrsteilnehmern rechtzeitig erkannt werden können.[4] Die Stra-

---

1 Vgl. § 1 Absatz 1 Straßenverkehrsordnung.

2 Vgl. § 1 Absatz 2 Straßenverkehrsordnung.

3 Vgl. § 17 Absatz 1 Satz 1 Straßenverkehrsordnung.

4 Vgl. Burmann/Heß/Hühnermann/Jahnke, Straßenverkehrsrecht, 27. Auflage 2022, Rn. 2 zu § 17 StVO.

ßenverkehrsordnung erkennt dementsprechend eine Gefährdung anderer Verkehrsteilnehmer infolge einer *natürlichen* Unsichtbarkeit aufgrund bestimmter Licht- und Witterungsverhältnisse. Hieraus darf geschlussfolgert werden, dass die bewusste Herbeiführung einer Unsichtbarkeit durch einen Unsichtbarkeitszauber den Grundsätzen der Straßenverkehrsordnung zuwiderläuft und daher insgesamt unzulässig ist. Dies erstreckt sich auf die gesamte Teilnahme am Straßenverkehr und somit auch auf den ruhenden Verkehr, also das Abstellen eines Fahrzeuges auf öffentlichem Verkehrsgrund, sodass auch die Benutzung eines Unsichtbarkeits-Servoantriebes allein während der Parkdauer nicht zulässig ist.

Außerhalb des öffentlichen Straßenverkehrs, vor allem also auf Straßen, die für jeden Verkehr gesperrt oder schon nach ihrer Beschaffenheit offensichtlich nicht zur Verkehrsbenutzung bestimmt sind, steht der Benutzung eines unsichtbaren Transportmittels nichts entgegen. An dieser Stelle wird ausdrücklich darauf hingewiesen, dass lediglich die Bestimmungen der Straßenverkehrsordnung dem Einsatz des Unsichtbarkeits-Servoantriebes außerhalb des öffentlichen Straßenverkehrs nicht entgegenstehen. Das weitergehende zaubereigesetzliche Verbot bezüglich der Nutzung verzauberter Muggelgegenstände wird hiervon nicht berührt!

ANMERKUNG:

In der Vergangenheit konnte immer wieder beobachtet werden, dass mit einem Unsichtbarkeits-Servoantrieb ausgestattete Fahrzeuge einen Hang zum autonomen Fahren entwickeln.[1] Diese Art autonomes Fahren kann jedoch nicht unter die Zulässigkeitsbestimmungen des § 1d Straßenverkehrsgesetz subsumiert werden, da diese Vorschriften zwingend die autonome Fahrfunktion mit Hilfe einer technischen Ausrüstung und nicht durch eine Zaubereiausstattung voraussetzen.

---

1   Vgl. etwa *Harry Potter und die Kammer des Schreckens*, 2002.

IST DIE VERABREICHUNG EINES LIEBESTRANKES EINE STRAFTAT?

Laut einer repräsentativen Umfrage des britischen Ministeriums für Zauberei ist jede vierte Hexe und sogar jeder dritte Zauberer bereits mindestens einmal Opfer eines Liebestrankes geworden. Diese Zahlen lassen sich unbedenklich auf die in der Bundesrepublik ansässigen Magier übertragen. Ferner muss davon ausgegangen werden, dass auch Muggel immer wieder zu den von Liebestränken betroffenen Personen zählen, was prominente Fälle wie zum Beispiel der des Tom Riddle Senior (1905–1943)[1] eindrucksvoll aufzeigen.

---

1 Vgl. Joanne K. Rowling, *Harry Potter und der Halbblutprinz*, Das Haus der Gaunts.

Auch wenn sich bei den meisten auf dem Schwarzmagiemarkt erhältlichen Liebestränken die Wirkung allmählich nach dem Absetzen verflüchtigt, können nicht nur mächtige Elixiere wie der berüchtigte Amortentia[1] äußerst gefährliche Folgen haben. Die betroffenen Personen werden als äußerlich blass und krank beschrieben, sie verhalten sich aufgeregt und sind gefährlich instabil. Der sorglose und überwiegend einem jugendlichen Leichtsinn geschuldete Umgang mit Liebestränken erfordert daher ein konsequentes und einheitliches Einschreiten der nationalen Zaubereiministerien, nachdem in den meisten Schulen für Hexerei und Zauberei sowohl die Herstellung als auch die Verwendung von Liebestränken bereits vor Jahrzehnten ausdrücklich verboten wurde.

Zu begrüßen ist die im vergangenen Sommer in vielen regionalen wie überregionalen magischen Tageszeitungen wie dem *Tagespropheten* und der *Silbernen Fledermaus*[2] gestartete Kampagne »Lass Dein Butterbier nicht unbeaufsichtigt!«. Ein Ratschlag, der oberstes Partygebot für junge Hexen und Zauberer sein sollte. Und das nicht nur für zwielichtige Diskotheken wie den *Eberkopf* in Hogsmeade oder den Londoner Pub *Zum Tropfenden Kessel*. Ein ausdrücklicher Warnhinweis findet sich erfreulicherweise auch in der neuesten Auflage von Newt

---

1 Vgl. *Harry Potter und der Halbblutprinz*, 2009.

2 Vgl. *Phantastische Tierwesen 3: Dumbledores Geheimnisse*, 2022.

Scamander jr.'s magischem Kneipenführer *Phantastische Biertresen und wo sie zu finden sind*.

Im vergangenen Jahr erfolgte der ebenso wichtige wie längst überfällige Schritt der Beschränkung des Verkaufes von Liebestränken auf europäischer Ebene. Seit dem einheitlichen Erlass der nationalen Zaubereiministerien sind Liebestränke mit höherem Wirkstoffgehalt europaweit lediglich noch in den Filialen von *Weasleys Zauberhafte Zaubertränke* erhältlich. Und in magischen Coffeeshops der Niederlande.

Ein konsequentes Vorgehen gegen Liebestränke darf jedoch nicht auf die magische Welt beschränkt bleiben, vielmehr ist – gerade unter der Berücksichtigung der nicht genau quantifizierbaren Muggelopfer – eine Zusammenarbeit zwischen dem Ministerium für Zauberei und den regulären Strafverfolgungsbehörden zwingend erforderlich.

Das unbemerkte Beibringen eines Zaubertrankes mit zumindest auch bewusstseinstrübender Wirkung stellt sich als vorsätzliche Körperverletzung gemäß § 223 Absatz 1 Strafgesetzbuch dar. Dabei kann dahingestellt bleiben, ob das Gefühl der Verliebtheit oder Besessenheit[1] bereits als Krankheitszustand angesehen werden kann,

---

1 Vgl. Professor Horace Slughorn, *Harry Potter und der Halbblutprinz*, 2009.

denn jedenfalls die gefährliche Instabilität sowie die typische Blässe der betroffenen Personen – gleich ob Zauberer, Hexe oder Muggel*in – erfüllen diese Voraussetzung unzweifelhaft.

Darüber hinaus verwirklicht das heimliche Verabreichen eines Liebestrankes auch die Qualifikation der gefährlichen Körperverletzung gemäß § 224 Strafgesetzbuch, und zwar gleich in zwei unterschiedlichen Varianten: Naheliegend ist freilich die Begehung der Körperverletzung *durch Beibringung von Gift oder eines anderen gesundheitsschädlichen Stoffes* gemäß § 224 Absatz 1 Nr. 1 Strafgesetzbuch. Ferner stellt sich das unbemerkte Beibringen des in ein Butterbier oder in Pralinen[1] gemischten Liebestrankes unter Berücksichtigung der ständigen höchstrichterlichen Rechtsprechung unzweifelhaft als ein *hinterlistiger Überfall* im Sinne des § 224 Absatz 1 Nr. 3 Strafgesetzbuch dar.[2] Denn das zu verliebende Opfer erwartet zum Zeitpunkt des Verzehres des mit dem Liebestrank versehenen Butterbieres oder der präparierten Pralinen keinen Angriff auf seine Gesundheit, weshalb die Vorbereitung auf eine Verteidigung ganz erheblich erschwert wird.[3]

---

1 Vgl. *Harry Potter und der Halbblutprinz*, 2009.

2 Vgl. Bundesgerichtshof, Beschluss vom 27.01.2009, Az.: 4 StR 473/08, NStZ 2009, 505 (506).

3 Vgl. auch Münchener Kommentar zum StGB, 4. Auflage 2021, Rn. 33 zu § 224 StGB.

Neben den Straftaten gegen die körperliche Unversehrtheit kommt – jedenfalls nach der Verschärfung des Sexualstrafrechts – auch eine Straftat gegen die sexuelle Selbstbestimmung in Betracht, sofern es unter Ausnutzung der durch den Liebestrank verursachten Bewusstseinstrübung zu entsprechenden, hier nicht näher beschriebenen Handlungen kommt. Die unter dem Einfluss des Trankes stehenden Personen sind nämlich »auf Grund ihres psychischen Zustands in der Bildung ihres Willens erheblich eingeschränkt«.[1] Wäre der bereits genannte Fall des Tom Riddle senior nach deutschem Strafrecht zu beurteilen, hätte Merope Riddle (geborene Gaunt) nicht nur eine Verurteilung wegen gefährlicher Körperverletzung, sondern auch wegen Vergewaltigung zu erwarten.

---

1 Vgl. § 177 Absatz 2 Nr. 2 Strafgesetzbuch.

4
TEIL

STAR WARS
UND
TREKKIES –
IN DER ZUKUNFT

Es war einmal vor
langer Zeit in einer
weit, weit entfernten
Galaxis ...

STAR WARS

Episode 0[1]

EIN NEUES PRODUKT

Die galaktische Republik wird
von neu gegründeten Vereinen
erschüttert, die sich gegenseitig
mit Unterlassungsansprüchen be-
kämpfen. Der zunächst rein juristisch von den jeweiligen Fachanwälten
für Vereinsrecht ausgetragene Konflikt
zwischen den größten Verbänden, den
Jedi und den Sith, wird von dem windigen
Geschäftsmann Karl Theodor Macht aus-
genutzt, der eine neue Verkaufsmöglichkeit
für seine mit billigen Kyber-Kristallen von den
Planeten Ilum und Dantooine ausgestatteten Brot-
messer wittert.

---

1 Die Römer kannten tatsächlich keine Zahl für Null!
   Wie krass ist das denn?!? Die Zahl Null wurde erst im
   6. Jahrhundert nach Christus erfunden.

Unter dem fantasievollen
Namen Lichtschwert startet
Karl Macht eine Marktein-
führung und bewirbt sein neues
Produkt mit dem Slogan ›Möge
ein Macht mit Dir sein!‹.

Schneller als von Machts eigener Mar-
ketingabteilung erwartet, entwickeln sich
die Lichtschwerter zum Verkaufsrenner
bei den Vereinen der Jedi und der Sith.
Bald schon laufen alle Vereinsmitglieder mit
Lichtschwertern an ihren Gürteln herum, und
der zunächst rein rechtlich ausgetragene Streit
nimmt einen blutigen Verlauf ...

BENÖTIGE ICH
FÜR MEIN
LICHTSCHWERT
EINEN WAFFENSCHEIN?

Obwohl seit jenen Tagen gut und gerne 7 000 Jahre vergangen sind, erfreut sich das Lichtschwert bei den Vereinsmitgliedern der Jedi und Sith nach wie vor großer Beliebtheit. Dies nicht zuletzt auch deshalb, weil mittlerweile die Patentrechte von Karl Macht abgelaufen sind und deshalb Lichtschwerter mit etwas handwerklichem Geschick und einem kleinen Wochenendausflug nach Ilum oder Dantooine im häuslichen Hobbykeller günstig hergestellt werden können.

Auch wenn Auseinandersetzungen mit Lichtschwertern, bei denen es zu tödlichen Verletzungen oder zumindest abgetrennten Gliedmaßen kommt, mittlerweile lediglich noch als bedauerliche Einzelfälle einzustufen sind, sollte die Gefährlichkeit eines Lichtschwertes nicht unterschätzt werden. Auch rechtlich ist der alltägliche, mitunter sorglose Umgang mit gewöhnlichen Lichtschwertern nicht ganz unbedenklich. Von daher ist es erfreulich, dass gerade jüngere Sith und Jedi ein gewisses Problembewusstsein entwickelt haben, was auch die Frage von Obi-Wan K. Müller zeigt:

BENÖTIGE ICH FÜR MEIN LICHTSCHWERT EINEN WAFFENSCHEIN?

Ein Lichtschwert fällt tatsächlich unter die Definition der sogenannten Hieb- und Stoßwaffe des Waffengesetzes[1], da es seinem Wesen nach dazu bestimmt ist, unter Ausnutzung der Muskelkraft durch einen Hieb, einen Stoß, einen Schlag, einen Stich oder einen Wurf Verletzungen beizubringen. Nach dieser waffenrechtlichen Klassifizierung ist ein Waffenschein für den Erwerb des Lichtschwertes nicht erforderlich, es kann ab Vollendung des achtzehnten Lebensjahres frei erworben werden. Insoweit ist besonders darauf zu achten, dass Jünglinge (Jedi-Anwärter) und dienstjunge Padawane regelmäßig noch nicht das erforderliche Mindestalter haben, um ein Lichtschwert erwerben zu dürfen.

Problematisch ist jedoch, dass ein Lichtschwert als Hieb- und Stoßwaffe nach geltender Rechtslage öffentlich nicht

---

1 Vgl. Anlage 1 Abschnitt 1, Unterabschnitt 2, Nr. 1.1 zu § 1 Absatz 4 Waffengesetz.

geführt werden darf.[1] Eine Ausnahme sieht das Gesetz allerdings unter anderem dann vor, wenn das Führen entsprechender Gegenstände der Brauchtumspflege dient.[2] Die Brauchtumspflege in diesem Sinn umfasst typischerweise traditionsgemäß wiederkehrende Anlässe, im Rahmen derer das Tragen von Waffen üblich ist, etwa Umzüge von Schützenvereinigungen, historischen Bürgerwehren, Trachtengruppen und natürlich auch Fastnachtsgesellschaften. Es ist insoweit angezeigt, den Jedi-Orden nicht anders zu behandeln als etwa den Karnevalsverein Dieburg, die Prinzengarde Blau-Weiß oder auch die Roten Funken. Etwas anderes ergibt sich auch nicht aus der nicht ganz unblutigen Vergangenheit der Jedi, vor allem während der Schlacht um Korriban und des Zweiten Jedi-Bürgerkrieges. Insoweit kann ohne Weiteres eine Parallele zu vielen Schützenvereinen gezogen werden, die ursprünglich ebenfalls als bewaffnete Bürgerwehren gegründet wurden, mittlerweile aber allein zum Zweck der friedlichen Brauchtumspflege bestehen. Um diesbezüglich verbleibende Zweifel am Zweck des Jedi-Ordens endgültig auszuräumen, wird von einigen Rechtsanwälten empfohlen, die traditionelle Grußformel der Jedi-Ritter um einen klassischen Narrenruf zu ergänzen, etwa:

---

1 Vgl. § 42a Absatz 1 Nr. 2 Waffengesetz.

2 Vgl. § 42a Absatz 3 Waffengesetz i.V.m. § 42a Absatz 2 Satz 1 Nr. 3 Waffengesetz.

»MÖGE DIE MACHT MIT DIR SEIN, HELAU UND ALAAF!«

Ein Jedi-Ritter muss übrigens nicht befürchten, bei Hin- und Rückwegen zu Brauchtumsveranstaltungen des Ordens sein Lichtschwert nicht führen zu dürfen, da nach ganz herrschender Auffassung[1] insoweit ein innerer Zusammenhang sowohl zeitlicher als auch räumlicher Natur gegeben ist. Das zeitweilige Verbergen des Lichtschwertes in einer R2-Einheit auf dem Weg zur Faschingsparty[2] stellt daher eine gänzlich überflüssige Maßnahme dar.

---

1 Vgl. Gade, Kommentar zum Waffengesetz, 3. Auflage 2022, Rn. 25 zu § 42a WaffG.

2 Vgl. *Star Wars: Episode VI – Die Rückkehr der Jedi-Ritter*, 1983.

DARF ICH MEINE
ZEIT-
MASCHINE
AUF EINEM ÖFFENTLICHEN
PARKPLATZ ABSTELLEN?

Als gegen Ende des 19. Jahrhunderts die erste Zeitmaschine in England erfunden wurde[1], waren nur wenige Menschen bereit, die Strapazen einer Zeitreise in Kauf zu nehmen. Erst nachdem infolge der technischen Entwicklungen der Nachkriegszeit neuere Modelle und Konzepte einen gewissen Komfort versprachen, erfreuten sich Zeitreisen als exotischer Luxus zunehmend wachsender Beliebtheit. Mit der Einführung des fluxierenden Flux-Kompensators zu Beginn der Achtzigerjahre[2], der

---

1 Vgl. *Die Zeitmaschine*, 1960.

2 Vgl. *Zurück in die Zukunft*, 1985

sich mühelos in einen Personenkraftwagen integrieren ließ – zu erwähnen ist hier der beinahe schon serienmäßige Einbau in den DeLorean DMC 12 –, wurden Zeitreisen schließlich kommerzialisiert. Zugleich ergaben sich, wie bei fast jeder Markteinführung eines Massenproduktes, gewisse Folgeprobleme sowohl ethischer als auch rechtlicher Natur. Die in diesem Zusammenhang wohl am häufigsten gestellte Frage lautet:

DARF ICH MEINE ZEITMASCHINE AUF EINEM ÖFFENTLICHEN PARKPLATZ ABSTELLEN?

Entgegen einer weitverbreiteten Annahme darf mit einer handelsüblichen Zeitmaschine überhaupt nicht am öffentlichen Straßenverkehr teilgenommen werden, da regelmäßig eine Betriebserlaubnis für Einzelfahrzeuge im Sinne des § 21 Straßenverkehrs-Zulassungs-Ordnung nicht erteilt werden

wird. Das Abstellen einer Zeitmaschine auf einem öffentlichen Parkplatz ist daher eine straßenrechtliche Sondernutzung, mit der Folge, dass die jeweiligen Straßen- und Wegegesetze der einzelnen Bundesländer Anwendung finden. Der Einwand, die Zeitmaschine sei (zumindest auch) als Verkehrsmittel im Sinne des Straßen- und Wegerechtes anzusehen, verfängt nicht. Nach verwaltungsrechtlicher Rechtsprechung ist insoweit maßgeblich, ob die Zeitmaschine bei der Teilnahme am ruhenden oder fließenden Verkehr aus der Sicht eines objektiven Beobachters nach ihrem Erscheinungsbild jedenfalls überwiegend die Funktion eines (klassischen) Verkehrsmittels erfüllt.[1] Dies ist bei einer Zeitmaschine, die ganz überwiegend für Zeitreisen und nicht etwa für den Wocheneinkauf beim örtlichen Supermarkt verwendet wird, regelmäßig zu verneinen. Dementsprechend bedarf es für den konkreten Einzelfall jedes Abstellens einer Zeitmaschine auf einem öffentlichen Parkplatz einer Erlaubnis, für die innerorts in der Regel die Gemeinden als Träger der Straßenbaulast zuständig sind.

Insoweit ist zu beachten, dass sich dieses Rechtsproblem dann nicht stellt, wenn der Zeitsprung mit einem gewöhnlichen Verkehrsmittel durchgeführt wird. Denn in diesem Fall ändert sich der Charakter des Verkehrsmittels nicht dadurch, dass dieses nur ausnahmsweise für eine Zeitreise verwendet wird. Allerdings sind derartige

---

1 Vgl. zu der gleichgelagerten Bier-Bike-Problematik OVG Münster, Urteil vom 23.11.2011, Az.: 11 A 25511/10.

gewöhnliche Verkehrsmittel oftmals aus rein tatsächlichen Gründen gehindert, am öffentlichen Straßenverkehr teilzunehmen – zu denken ist hier beispielsweise an den Flugzeugträger Nimitz[1], Raumschiffe der Constitution-Class[2] oder einen klingonischen Bird of Prey[3].

Wird die Zeitmaschine ohne die erforderliche Erlaubnis auf einem öffentlichen Parkplatz abgestellt, stellt dies eine Ordnungswidrigkeit dar und kann mit einem Bußgeld geahndet werden. Hierbei sei angemerkt, dass die entsprechenden Bußgeldbescheide nicht – wie vielfach behauptet – von der Time Enforcement Comission (TEC), den sogenannten Timecops[4], ausgestellt werden, sondern von den Mitarbeitern der kommunalen Ordnungsbehörden. In der Vergangenheit haben sich nicht wenige der vom Bußgeld betroffenen Zeitmaschinenbenutzer der Zahlung des Ordnungsgeldes entzogen, indem sie in die Vergangenheit zurückreisten und die Zeitmaschine umparkten, bevor es dem Ordnungsbeamten gelang, einen Strafzettel für die unzulässig abgestellte Zeitmaschine auszustellen. Dies sei nur der Vollständigkeit halber angemerkt – weder handelt es sich um eine Rechtsberatung, noch soll dazu verleitet werden, die Erteilung einer straßenrechtlichen Sondererlaubnis gar nicht erst anzustreben.

---

1 Vgl. *The Final Countdown*, 1980.

2 Vgl. *Star Trek: Der erste Kontakt*, 1996.

3 Vgl. *Star Trek IV: Zurück in die Gegenwart*, 1986.

4 Vgl. *Timecop*, 1994, und *Timecop 2 – Entscheidung in Berlin*, 2003.

DARF MAN MENSCHEN
BLITZDINGSEN?

Vorbemerkung: In diesem Kapitel sollen allein die rechtlichen Grundlagen des Blitzdingsens erörtert werden. Die ethische Betrachtung eines Eingriffes des Blitzdingsenden in die Willensfreiheit des Geblitzdingsten durch und infolge des Blitzdingsens zwecks Vermeidung einer Massenpanik Nicht-Geblitzdingster auf typischerweise blitzdingswürdige Ereignisse bleibt außer Betracht.

Bereits in der Mitte der Sechzigerjahre des vergangenen Jahrhunderts wurde erfolgreich versucht, solche Erinnerungen zu löschen bzw. zu überlagern, die sich auf ein Zusammentreffen mit außerirdischen Lebensformen beziehen.[1] Das anfänglich recht umständliche Prinzip,

---

1   Vgl. Philip K. Dick, *Erinnerungen en gros*, 1966.

welches ursprünglich von einer Reisebürokette zwecks Implementierung von Urlaubserinnerungen verwendet wurde[1], ist in der Folgezeit verfeinert und technisch verbessert worden, insbesondere durch die Markteinführung des handlichen Neuralisators. Infolge der sehr viel einfacher und schneller durchzuführenden Gedächtnislöschungen und Erinnerungsüberschreibungen sowie der Anbindung des Sonnensystems an den interstellaren Personennahverkehr stiegen die durchgeführten Partiell- und Totalneuralisationen rapide an. Gleichzeitig etablierte sich der einprägsame Begriff des *Blitzdingsens* für eine mittels Neuralisator durchgeführte Erinnerungsmanipulation. Die rechtliche Charakterisierung des (unfreiwilligen) Blitzdingsens wurde in der juristischen Fachliteratur allerdings eher stiefmütterlich behandelt. Daher nehme ich das Hilfeersuchen von Agent J 2000 gern zum Anlass, um die vernachlässigte Frage zu beantworten:

DARF MAN MENSCHEN BLITZDINGSEN?

Zunächst könnte das klassische Blitzdingsen als vorsätzliche Körperverletzung[2] angesehen werden. In Betracht kommt hier die Variante der körperlichen Misshandlung, worunter jede üble, unangemessene Behandlung, die das

---

1 Vgl. *Die totale Erinnerung – Total Recall*, 1990 und *Total Recall*, 2012.

2 § 223 Absatz 1 Strafgesetzbuch.

körperliche Wohlbefinden oder die körperliche Unversehrtheit nicht nur unerheblich beeinträchtigt, zu verstehen ist.[1] Auch eine durch ein Blenden hervorgerufene Sehstörung kann grundsätzlich dieses Tatbestandsmerkmal erfüllen. Jedoch ist die sogenannte Erheblichkeitsschwelle zu beachten. Wenn die kurzzeitige Blendung nur zur Auslösung des Lidschlussreflexes führt und der Betroffene sofort und ohne Probleme wieder sehen kann – wie es bei einem Einsatz des handelsüblichen Neuralisators ganz unzweifelhaft der Fall ist –, dann scheidet die Annahme einer Körperverletzung aus.[2] Auch eine Gesundheitsschädigung, etwa eine thermische Schädigung des Auges, liegt infolge der geringen Strahlungsstärke beim Blitzdingsen nicht vor.

Das Blitzdingsen könnte jedoch als Nötigung gemäß § 240 Strafgesetzbuch angesehen werden, da der Blitzdingsende beim Geblitzdingsten mit dem Blitzdingsen und der unmittelbar darauffolgenden Suggestion zum Zweck der Implementierung einer neuen Erinnerung ein bestimmtes Verhalten – ein Tun, Dulden oder Unterlassen – erreichen will. Dazu müsste jedoch das Blitzdingsen als Gewalt klassifiziert werden können. Dies ist insbesondere nach der Kritik des Bundesverfassungsgerichts am

---

1 Vgl. Lackner/Kühl, StGB, 30. Auflage 2023, Rn. 4 zu § 223 StGB.

2 Vgl. Ellbogen/Schneider, *Blendattacken mit Laserpointern*, NZV 2011, 63 (66).

sogenannten vergeistigten Gewaltbegriff fraglich. Der Blitzdingsende wirkt mit dem Blitzdingsen nicht physisch, sondern rein psychisch auf den Geblitzdingsten ein.[1] Auch die unmittelbar im Anschluss an das Blitzdingsen folgende Suggestionen sind lediglich Worte, mit denen der Blitzdingsende auf den Willen des Geblitzdingsten Einfluss nehmen will. Damit ist sowohl das Blitzdingsen selbst als auch die Suggestion des Blitzdingsenden im unmittelbaren Anschluss an das Blitzdingsen nach der neueren Rechtsprechung keine Gewalt im Sinne des § 240 Absatz 1 Strafgesetzbuch.

---

1   Vgl. hierzu auch M. Gerke, *Hypnose als Straftat – Die Strafbarkeit antisozialer Suggestion*, HRRS, 2009 S. 373 ff.

DARF MAN EINEN
T⬤DESSTERN
BAUEN?

Das ist kein Mond … Es ist eine Raumstation.[1] Und nicht nur irgendeine. *Diese Station ist das absolute Machtinstrument im Universum.*[2] Die Rede ist natürlich vom Todesstern – *es gibt keinen besseren Namen.*[3] Gleichwohl lautete der offizielle Name des Todessternes – oder präziser des ersten Todessternes – »Mobile Kampfstation DS-1«. An der Entwicklung und Finanzierung des ehrgeizigen Projektes waren mehrere Parteien beteiligt, unter anderem die Handelsföderation und die Galaktische Republik. Die Planungsphase der Kampfstation geht

---

1 Vgl. Obi-Wan Kenobi, *Star Wars: Episode IV – Eine neue Hoffnung*, 1977.

2 Vgl. Admiral Conan Antonio Motti, *Star Wars: Episode IV – Eine neue Hoffnung*, 1977.

3 Vgl. Dr. Galen Walton Erso, *Rogue One: A Star Wars Story*, 2016.

übrigens zurück bis auf die Zeit vor den Klonkriegen, womit der Todesstern umgerechnet weniger Zeit bis zu seiner Fertigstellung in Anspruch nahm als der Berliner Flughafen.

Trotz seiner gewaltigen Feuerkraft, die auf einem simplen Prinzip der Bündelung von acht Sekundärlaserstrahlen zu einem Superlaser mittels Verwendung einer in die obere Hemisphäre fest eingebauten Parabolantenne beruhte, litt er jedoch an mehreren Konstruktionsfehlern – wie der Berliner Flughafen.[1] Angefangen bei den zu leicht beeinflussbaren Steuerungsprogrammen der Müllpressen auf der Inhaftierungsebene bis hin zu einer Schwachstelle einer kleinen Ventilationsöffnung unterhalb der Hauptöffnung, deren Schacht direkt bis zum Reaktorsystem der Station führte, hätte er unter den Gesichtspunkten des Werkvertragsrechts niemals abgenommen werden dürfen. Und so war sein Schicksal vorherbestimmt: Nach einer zunächst recht vielversprechenden, wenn auch nicht ganz unumstrittenen Generalprobe der Station im Alderaan-System gelang es in der Schlacht von Yavin durch den Einsatz eines kleinen Ein-Mann-Jägers, den Todesstern zu zerstören, indem ein Protonentorpedo in die oben näher bezeichnete Ventilationsöffnung geschossen wurde, die übrigens nicht größer war als eine

---

1 Allerdings waren sie jedenfalls beim Todesstern zumindest teilweise beabsichtigt, vgl. Dr. Galen Walton Erso, *Rogue One: A Star Wars Story*, 2016.

Womp-Ratte.[1] Der Todesstern explodierte – eine besondere Ironie des Schicksals, wenn man bedenkt, dass der Projektname der Kampfstation während der Bauphase tatsächlich »Sternen*staub*« lautete.

Trotz dieses aus Sicht des Imperators wohl allenfalls suboptimalen Ergebnisses war er von dem Grundkonzept des Todessternes überzeugt. Und so wurde bereits kurze Zeit nach der Zerstörung der Mobilen Kampfstation DS-1 mit dem Bau eines Nachfolgers begonnen, dessen fantasievoller Name »Mobile Kampfstation DS-2« lautete. Und die noch vor ihrer endgültigen Bauabnahme in der Schlacht von Endor zerstört wurde.

In der letzten Zeit werden trotz dieser Fehlschläge Gerüchte laut, nach welchen erneut ein Todesstern, die Mobile Kampfstation DS-3, gebaut werden soll – angeblich von den Initiatoren des Berliner Flughafens. Am besten lässt sich dieses Verhalten mit den unvergesslichen Worten von Meister Yoda beschreiben: »Wahnsinn es ist, zu tun immer wieder das Gleiche und zu erwarten andere Ergebnisse.« Allerdings rechtfertigen diese Bestrebungen bereits jetzt die juristisch interessante Frage, ob der Bau eines Todessternes zulässig ist.

---

1 Vgl. Luke Skywalker, *Star Wars: Episode IV – Eine neue Hoffnung*, 1977.

Rechtsgrundlage für den Bau einer Weltraumstation ist der Vertrag über die Grundsätze zur Regelung der Tätigkeiten von Staaten bei der Erforschung und Nutzung des Weltraums einschließlich des Mondes und anderer Himmelskörper vom 27. Januar 1967 – kurz: der Weltraumvertrag. Dieser Vertrag wurde bisher von 110 Staaten ratifiziert, von der Bundesrepublik Deutschland am 10. Februar 1971.

Gemäß Artikel 1 Satz 2 des Weltraumvertrages steht es allen Staaten frei, den Weltraum einschließlich des Mondes und anderer Himmelskörper ohne jegliche Diskriminierung, gleichberechtigt und im Einklang mit dem Völkerrecht zu erforschen und zu nutzen. Diese Nutzung schließt den Bau und den Betrieb von Weltraumstationen ein, wobei eine Beschränkung der Größe einer derartigen Anlage nicht vereinbart ist, sodass auch Anlagen betrieben werden dürfen, die auf den ersten Blick als »zu groß für eine Raumstation«[1] erscheinen. Deshalb sind sowohl der Bau als auch der Betrieb einer Anlage mit einem Durchmesser von 160 Kilometern (DS-1) beziehungsweise 200 Kilometern (DS-2) grundsätzlich rechtlich unbedenklich.

Zu beachten ist jedoch, dass sich gemäß Artikel 4 Satz 1 des Weltraumvertrages die Vertragsstaaten verpflichten, keine Gegenstände, die Kernwaffen oder andere Massen-

---

1   Vgl. Han Solo, *Star Wars: Episode IV – Eine neue Hoffnung*, 1977.

vernichtungswaffen tragen, in eine Erdumlaufbahn zu bringen und weder Himmelskörper mit derartigen Waffen zu bestücken noch solche Waffen im Weltraum zu stationieren. Unter Massenvernichtungswaffen in diesem Sinne fallen auch bei zurückhaltender Auslegung des Begriffes jedenfalls derartige Superlaser, »deren Feuerkraft ausreicht, um einen ganzen Planeten zu vernichten«.[1] Dementsprechend darf ein Todesstern zwar grundsätzlich gebaut und betrieben werden, die Installation eines planetenvernichtenden Superlasers ist jedoch leider untersagt.

Rechtlich nicht zu beanstanden wäre zum Beispiel der Bau und Betrieb eines Todessternes als Kreuzfahrt- und Vergnügungsstation mit All-Inclusive-Angebot. Da gemäß Artikel 4 Satz 4 des Weltraumvertrages sogar die Verwendung von Militärpersonal für friedliche Zwecke nicht untersagt ist, wäre es – gegebenenfalls nach gewissen Umschulungen – sogar möglich, Sturmtruppler als Entertainer, Animateure und Fitnesstrainer einzusetzen. Um auch den letzten Zweifel bezüglich des Zwecks der Anlage zu beseitigen, wäre es angebracht, einen etwa 30 mal 50 Kilometer großen Kussmund auf die Oberfläche zu malen und den Namen der Kampfstation angemessen zu ändern, etwa in »Mein Stern«.

---

1 Vgl. Einleitung, *Star Wars: Episode IV – Eine neue Hoffnung*, 1977, zweiter Absatz.

Zusammenfassend kann die Frage nach der Zulässigkeit des Baus eines Todessternes mit den Worten eines der größten Rechtsgelehrten des Dagobah-Systems beantwortet werden:

»Zulässig es ist, eine mobile Raumstation zu betreiben, Massenvernichtungswaffen wie Superlaser jedoch nicht installiert werden dürfen, da anderenfalls gegen den Weltraumvertrag verstoßen sie würde.«

IST
CAPTAIN KIRK
EIN
BETRÜGER?

Ich wiederhole: Wir sind auf eine gravimetrische Mine gelaufen und schwer beschädigt, wir brauchen dringend Hilfe! Hört uns irgendjemand? Wir brauchen dringend Hilfe!«

Der Notruf klingt verzweifelt. Und er wird schwächer mit jeder Minute.

Der junge Offizier rutscht nervös auf dem Stuhl des Captains hin und her.

»Wie lautet der Name des Frachters?«, fragt er schließlich seinen Kommuni-kationsoffizier.

»Kobayashi Maru.«

Angehende Offiziere der Sternenflotte durchlaufen den Kobayashi-Maru-Test. Und versagen. Das ist der Zweck der Übung. Der Test soll die Charakterstärke der zukünftigen Offiziere in einer ausweglosen Situation und im Angesicht des sicheren Todes prüfen. Und er soll ihnen verdeutlichen: Ihr seid weder unbesiegbar noch unsterblich – auch wenn ihr euch vielleicht so fühlt. Der Test der Sternenflottenakademie funktioniert. In jedem Jahrgang scheitern Hunderte von Kadetten. Bis eines Tages …

»Wir haben soeben die neutrale Zone verletzt. Drei klingonische Kriegsschiffe, Typ Bird of Prey, enttarnen sich neben der Kobayashi Maru.« Dem jungen Navigator stehen Schweißperlen auf der Stirn.

»Photonentorpedos fertigmachen. Ziele anvisieren.« Im Gegensatz zu seinem Navigator wirkt der junge Offizier auf dem Sitz des Captains gelassen, beinahe gelangweilt.

»Sir. Ihre Schilde sind viel zu stark für unsere Torpedos«, gibt der Waffenoffizier zu bedenken.

»Wirklich?«

Der Waffenoffizier blickt auf seine Instrumente und stutzt. »Nein. Ihre Schilde werden heruntergefahren.«

»Feuer!«

Die klingonischen Schiffe werden von den Photonentorpedos getroffen. Bereits der erste Treffer macht sie kampfunfähig.

Selbstsicher lehnt sich der junge Offizier auf dem Stuhl des Captains zurück und lächelt amüsiert.

»Beginnen Sie mit der Evakuierung der Kobayashi Maru.«

Es ist ein historisches, um nicht zu sagen legendäres Ereignis in der Geschichte der Sternenflottenakademie. Der Name des einzigen Kadetten, der jemals den Kobayashi-Maru-Test bestanden hat, lautet: Kirk. James Tiberius Kirk[1]. Sehr bald stellt sich heraus, dass Kirk das Programm der Simulation umgeschrieben hat, sodass es möglich ist, die Kobayashi Maru zu retten. Kirk erhält eine Auszeichnung der Akademie für originelles Denken. Zu Recht? Das fragt sich auch Jean-Luc Peters und äußert einen entsetzlichen Verdacht:

IST CAPTAIN KIRK EIN BETRÜGER?

Grundsätzlich ist das Verhalten des Prüflings James T. Kirk selbstverständlich nach den einschlägigen Bestimmungen der Prüfungsordnung der Akademie der Sternenflotte (kurz: PASt) in der Fassung vom 1. August 2251 zu beurteilen. Trotz mehrfacher Anschreiben, die sowohl

---

1 Vgl. *Star Trek II: Der Zorn des Khan*, 1982.

an die Zentralverwaltung der Sternenflottenakademie in San Francisco als auch an die Nebenstelle in Marseille adressiert wurden und auf die Bedeutung für die rechtswissenschaftliche Genauigkeit dieses Kapitels hinweisen, wurde die Prüfungsordnung dem Autor nicht zur Verfügung gestellt[1], sodass hier allgemeine juristische Erwägungen erfolgen, freilich unter Berücksichtigung der gängigen Prüfungsordnungen der Föderation.

Wie bereits Samuel T. Cogley[2] zu Recht bemerkte, folgt bereits aus dem Zweck einer Prüfung, nämlich die wahren Leistungen und Fähigkeiten des Prüflings zu ermitteln, dass vorgetäuschte oder anderweitig erschlichene Leistungen nicht dazu beitragen können, den einen Prüfungserfolg zu rechtfertigen. Deshalb enthalten sowohl die Prüfungsordnungen der Föderation als auch die des Romulanischen Imperiums ganz regelmäßig eine Bestimmung, nach der Täuschungshandlungen zu ahnden sind. Umstritten ist allerdings, unter welchen Voraussetzungen im Einzelfall beachtliche Täuschungshandlungen anzunehmen sind und welche Rechtsfolgen sie bewirken. Während Verstöße gegen die Prüfungsordnung der Föderation zur Suspendierung und im schlimmsten Fall zum Ausschluss des Offiziers führen können, werden Verstöße gegen die Prüfungsbestimmungen des Romulanischen

---

1 Soviel zu dem Wahlspruch der Sternenflottenakademie: »Ex astris scientia«.

2 Vgl. *Raumschiff Enterprise*, Episode 1 x 14, Kirk unter Anklage.

Imperiums regelmäßig dem Straftatbestand des Verrats gleichgesetzt und im besten Fall mit einer relativ schmerzfreien Exekution geahndet – weshalb übrigens romulanische Grundschüler nur selten voneinander abschreiben.

Richter Aaron Satie[1] definierte eine Täuschungshandlung als Vorspiegelung einer regulären Prüfungsleistung, obwohl sich der Prüfling in Wahrheit unerlaubte Vorteile verschafft hat. James T. Kirk war sich bewusst, als er die Programmierung der Kobayashi-Maru-Simulation änderte, dass die Prüfung ein Scheitern des Rettungsversuches zwingend vorsah. Dieses Prüfungsergebnis hatte Kirk zu diesem Zeitpunkt auch bereits zweimal erbracht. Dementsprechend war sich Kirk ebenfalls darüber im Klaren, dass die von ihm vorgenommene Programmierung innerhalb kürzester Zeit auffallen würde. Tatsächlich stritt er sein diesbezügliches Verhalten auch zu keinem Zeitpunkt ab, sondern räumte es im Gegenteil freimütig ein. Dementsprechend handelte Kirk nicht mit einem Täuschungswillen, der jedoch zwingende Voraussetzung einer Täuschung ist, nach der insoweit einhelligen Rechtsauffassung in Föderation, Romulanischem Imperium und Klingonischem Reich (vgl. die Ausführungen von Kolos[2] in *Anwalt unter Kriegern*, Heyne-Föderations-Verlag, 2. Auflage, 2109).

---

1 Vgl. *Star Trek: The Next Generation*, Episode 4 x 21, Das Standgericht.

2 Vgl. *Star Trek: Enterprise*, Episode 2 x 19, Das Urteil.

Folglich hat sich James Tiberius Kirk nicht des Betrugs im Rahmen einer Prüfung schuldig gemacht, als er die Programmierung des Kobayashi-Maru-Tests änderte. Auch moralisch ist sein Verhalten unter Berücksichtigung der hohen ethischen Grundsätze der Föderation nicht zu beanstanden, sondern entspricht dem inoffiziellen Motto der Sternenflotte:

»To boldly cheat where no man has cheated before …«

GILT EIN
HELM-
VERBOT
FÜR MANDALORIANISCHE
KINDERGÄRTNER?

Seit vielen tausend Jahren sind Mandalorianer in der gesamten und nicht nur in einer weit, weit entfernten Galaxis bekannt als ausgezeichnete Krieger, hervorragende Kopfgeldjäger und natürlich pädagogisch geschulte Erzieher*innen. Seit November 2019 ist der staatlich anerkannte Erzieher D. Djarin in einer öffentlichen Kindertagesstätte in Teilzeit beschäftigt. Djarin ist in Köln-Kalk geboren und gehört dem orthodoxen

Zweig des mandalorianischen Resol'nare an, der auch als ›Kinder der Watch‹ bekannt ist, und trägt aus religiöser Überzeugung dauerhaft die traditionelle Rüstung (Beskar'gam[1]), insbesondere den dazugehörigen Helm. Die Kindergartenleitung vertritt die Auffassung, der Helm beeinträchtige als offen getragenes religiöses Symbol die negative Religionsfreiheit der Kinder und ihrer Eltern. Dementsprechend wurde Djarin wiederholt von der Leitung der Kita aufgefordert, seinen Helm innerhalb der Einrichtung abzulegen, was er vehement mit den Worten »Das ist der Weg«[2] ablehnte. Der Mandalorianer wurde daraufhin abgemahnt und erwägt nunmehr im Rahmen eines arbeitsgerichtlichen Verfahrens, auf Entfernung der Abmahnung aus seiner Personalakte zu klagen. Diese Klage hat Aussicht auf Erfolg, wenn die Aufforderung der Kindergartenleitung Djarin in einem seiner Grundrechte verletzen würde und seine Weigerung zur Abnahme des Helmes dementsprechend berechtigt wäre.

Der Schutz des Grundrechts auf Glaubens- und Bekenntnisfreiheit aus Artikel 4 Grundgesetz gewährleistet auch mandalorianischen Erzieher*innen in Kindertagesstätten, den Regeln ihres Glaubens gemäß einem religiösen Bedeckungsgebot zu genügen, wie dies durch Tragen des mit klassischem T-Visor versehenen Waffenhelmes der

---

1 Mando'a für »Eiserne Haut«.

2 Vgl. *The Mandalorian*, Staffel 1, Kapitel 3, 2019.

traditionellen Beskar'gam der Fall sein kann. Darauf, dass in der mandalorianischen Kultur unterschiedliche Auffassungen zum Gebot des Tragens der Rüstung vertreten werden und lediglich die als Kinder der Watch bekannte orthodoxe Gruppe diese strenge Auslegung (Weg des Mandalore) vertritt, kommt es nicht an, da die religiöse Fundierung der Bekleidungswahl jedenfalls hinreichend plausibel ist.[1]

Auch kann der religiösen Überzeugung Djarins nicht entgegengehalten werden, dass der Bruch des Kodex durch die Abnahme des Helmes nicht endgültig ist, sondern durch ein Ritual wiedergutgemacht werden kann. Denn die hierzu für orthodoxe Mandalorianer notwendige Reinwaschung in den lebenden Wassern unterhalb der Minen von Mandalor[2] ist eine mit nicht unerheblichen Aufwendungen verbundene Unannehmlichkeit – vor allem auch deshalb, weil die Minen von Mandalor sämtlich zerstört wurden.[3] Hieran ändert auch der Umstand nichts, dass Djarin nur in Teilzeit als Erzieher tätig wird und ihm deshalb täglich nach Beendigung seiner regulären Arbeitszeit der Nachmittag zur Verfügung stünde, um die entsprechende Wegstrecke nach

---

1 Vgl. insoweit ausführlich Bundesverfassungsgericht, Beschluss vom 18.10.2016, Az.: 1 BvR 354/11, NJW 2017, 381 (383).

2 Vgl. *Das Buch von Boba Fett*, Staffel 1, Episode 5, 2022.

3 Vgl. ebd.

Mandalor zwecks Durchführung der Reinwaschung vorzunehmen.

Der in der Aufforderung der Kita-Leitung liegende schwerwiegende Eingriff in die Grundrechte Djarins auf Glaubens- und Bekenntnisfreiheit ist auch nicht durch die Grundrechte Dritter, hier insbesondere der Kinder der von ihm betreuten Grogu-Gruppe, gerechtfertigt. Zwar gewährleistet Artikel 4 Grundgesetz auch die Freiheit, kultischen Handlungen eines nicht geteilten Glaubens fernzubleiben.[1] Es ist jedoch insoweit bereits zu beachten, dass weder eine Pflicht zum Besuch einer Kindertagesstätte besteht noch die Einrichtung, in der der Mandalorianer Djarin in Teilzeit beschäftigt ist, die einzige Kita des Stadtbezirks ist. Namentlich kann hier auf die unter der Trägerschaft von Coruscant stehende Kita *Palpatine-Bambinis* verwiesen werden, die im gleichen Bezirk gelegen und mit öffentlichen Verkehrsmitteln gut zu erreichen ist.

Ferner wird die negative Glaubensfreiheit der Kinder der Grogu-Gruppe allein durch das äußere Erscheinungsbild Djarins nicht beeinträchtigt, solange dieser nicht auch verbal für seinen Glauben der Kinder der Watch wirbt. Dies ist jedoch nicht der Fall. Insoweit ist zu beachten, dass Djarin insbesondere auf entsprechende Weisung der Kita-Leitung unverzüglich darauf verzichtet

---

1 Sogenannte negative Religionsfreiheit.

hat, die Kinder der Grogu-Gruppe weiter in der »Kunst des aufsteigenden Phönix«[1] zu unterrichten. Sofern einige Eltern vortragen, ihre Kinder würden in der letzten Zeit beim Abendbrot im Familienkreis Äußerungen tätigen wie »Ich esse keinen Spinat! Das ist der Weg«, ist dies kaum auf eine aktive Einflussnahme Djarins zurückzuführen. In diesem Zusammenhang ist darauf hinzuweisen, dass auch nach der orthodoxen Auslegung des Resol'nare der Kinder der Watch ein Verzehr von Spinat (oder Gemüse im Allgemeinen) nicht untersagt ist.

Der mandalorianische Waffenhelm der Beskar'gam spiegelt daher lediglich die in modernen Kindertagesstätten etablierte religiöse-pluralistische Gesellschaft wider und ist letztlich nichts anderes als ein Rosenkranz, ein Kopftuch oder ein Kreuz – wenn man von seinen taktischen Vorteilen im Rahmen eines Feuergefechtes mit direktem Blaster-Beschuss einmal absieht.

---

1   Vgl. *The Mandalorian*, Staffel 1, Kapitel 8, 2019.

TEIL 5

CAPTAIN AMERICA, BATMAN, THOR:
SUPERHELDEN VOR GERICHT

UNTERSTEHT DER
ARC-REAKTOR
DER ATOMAUFSICHTSBEHÖRDE?

Anthony Edward »Tony« Starks größte Erfindung ist und bleibt … Nein, nicht der Iron-Man-Anzug. Um ehrlich zu sein, ist die in Afghanistan hergestellte erste Hightech-Rüstung (Iron Man Mark I) nicht besonders beeindruckend. Tony Starks größte Errungenschaft – oder, wie Obadiah Stane es formulierte, seine »Neunte Sinfonie«[1] – ist der Arc-Reaktor beziehungsweise die Minia-

---

1 Vgl. *Iron Man*, 2008.

turisierung des von Anton Vanko und Howard Stark entworfenen Arc-Reaktors TFTR-1.[1] Ein Kraftwerk von der Größe einer Apfelsine und mit der Leistung von drei Giga-Joule pro Sekunde – jedenfalls nach den Berechnungen von Tony Stark.

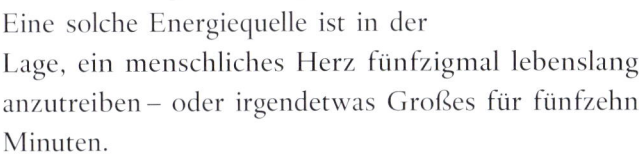

Eine solche Energiequelle ist in der Lage, ein menschliches Herz fünfzigmal lebenslang anzutreiben – oder irgendetwas Großes für fünfzehn Minuten.

Es ist davon auszugehen, dass Arc-Reaktoren kurz vor der flächendeckenden Markteinführung stehen, da sie ganz offensichtlich ohne großen technischen Aufwand und mit wenig Mühe hergestellt werden können. Diese Prognose mag auf den ersten Blick vielleicht etwas gewagt erscheinen, aber »Tony Stark hat es ja auch hinbekommen. In einer Höhle. Mit einem Haufen Schrott«.[2] Und übrigens auch Ivan Vanko. In einer Bruchbude. Mit einem Haufen Schrott. Und einem Papagei.[3] Es spricht daher viel dafür, dass es in naher Zukunft von Arc-Reaktoren ebenso sehr wimmeln wird wie von Smartphones und sie in jedem Supermarkt im vom Kunden

1 Vgl. *Iron Man 2*, 2010.

2 Vgl. Obadiah Stane, *Iron Man*, 2008.

3 Vgl. *Iron Man 2*, 2010.

gewünschten Design erworben werden können. Zum Beispiel in ansprechender »Hello Kitty«-Optik. Vorausgesetzt natürlich, dass für Erwerb und Besitz eines Arc-Reaktors nicht besondere Regularien gelten, was uns zu der Frage führt:

UNTERSTEHT DER ARC-REAKTOR DER ATOMAUFSICHTSBEHÖRDE?

Das Gesetz über die friedliche Verwendung der Kernenergie und den Schutz gegen ihre Gefahren trat am 01. Januar 1960 in Kraft und bezweckt vor allem, Leben und Gesundheit vor den Gefahren der Kernenergie und der schädlichen Wirkung ionisierender Strahlen zu schützen.[1]

Radioaktive Stoffe im Sinne dieses sogenannten Atomgesetzes sind alle Stoffe, die ein oder mehrere Radionuklide enthalten und deren Aktivität oder spezifische Aktivität im Zusammenhang mit Kernenergie oder Strahlenschutz unter Berücksichtigung des Atomgesetzes und hierauf beruhender Verordnungen nicht außer Acht gelassen werden können.[2] Kontrolle, Aufsicht und Zulassung der entsprechenden (zivilen) Anlagen, in denen radioaktive Stoffe Verwendung finden oder anfallen, obliegt den sogenannten Atomaufsichts-

---

1   Vgl. § 1 Nr. 2 Gesetz über die friedliche Verwendung der Kernenergie und den Schutz gegen ihre Gefahren, im Folgenden: Atomgesetz.

2   Vgl. § 2 Absatz 1 Satz 1 Atomgesetz.

behörden, die bei den einzelnen Bundesländern ange-
siedelt sind.[1]

Dementsprechend ist zunächst zu prüfen, ob der Arc-Reaktor unter das Atomgesetz fällt, also radioaktive Stoffe
verwendet beziehungsweise bei seinem Betrieb gewollt
oder ungewollt produziert. Betrachten wir daher zunächst
die Funktionsweise eines handelsüblichen Arc-Reaktors
etwas genauer.

Auf den ersten Blick stellt sich der Arc-Reaktor als ein
ganz gewöhnlicher (kalter) Kernfusionsreaktor dar. Zwar
handelt es sich bei Palladium, das in den ersten Arc-Reaktoren Verwendung fand, nicht um ein leichtes Element,
jedoch nutzten auch Stanley Pons und Martin Fleisch-
mann in dem bekannten, wenn auch nicht unumstrittenen
elektrochemischen Experiment aus dem Jahr 1989 eine
Palladium-Elektrode, um eine Fusion zu erzeugen. Ande-
rerseits wird bei einem Arc-Reaktor kein Wasserstoff
oder Helium zugeführt, was sonst für Kernfusionsreak-
tormodelle typisch ist. Auch der Output des Arc-Reaktors erscheint für einen Kernfusionsreaktor ungewöhn-
lich hoch.[2] Daher spricht viel dafür, dass der Arc-Reaktor
eine völlig neue und absolut saubere Form der Ener-
gieerzeugung darstellt. Letztlich ist dies jedoch aus recht-

---

1 Vgl. § 24 Atomgesetz.

2 An dieser Stelle gilt mein Dank meinem alten Physiklehrer sowie
   dem Diplom-Ingenieur J. Zanger.

licher Sicht irrelevant. Selbst wenn es sich bei einem Arc-Reaktor tatsächlich um einen Fusionsreaktor handeln sollte, hätte Tony Stark offenkundig einen Weg gefunden, die radioaktiven Stoffe zu vermeiden, welche bei einer Fusion durch die freiwerdenden Neutronen üblicherweise in den Wänden des Reaktors hervorgerufen werden. Denn trotz des gelegentlich bei Tony Stark zu beobachtenden leichten Hangs zu Unvernunft und der nicht völlig unerheblichen Risikofreudigkeit würde er Pepper Potts nicht der Gefahr einer Verstrahlung aussetzen, indem er ihr einen radioaktiven Arc-Reaktor zur Entsorgung übergibt.[1]

Folglich enthält ein Arc-Reaktor keinerlei radioaktive Stoffe und unterfällt somit nicht der Atomaufsichtsbehörde, sodass jedenfalls dieser Gesichtspunkt einer flächendeckenden Markteinführung in den kommenden Jahren nicht entgegensteht.

---

1   Vgl. *Iron Man*, 2008.

DARF EINE
ANWÄLTIN
VOR GERICHT ALS
SHE-HULK
AUFTRETEN?

Obwohl mittlerweile mehr als vier Jahrzehnte vergangen sind, seitdem erstmals ein She-Hulk in einem Gerichtssaal auftrat[1], haben sich merkwürdigerweise einige Richter noch immer nicht an den Anblick einer grünen, über zwei Meter großen und mindestens dreihundert muskulöse Kilogramm schweren Advokatin gewöhnt – zweifelsohne ist dies auf die typische Unbeweglichkeit der deutschen Justiz zurückzuführen, die auch im 21. Jahrhundert noch immer Faxgeräte verwendet. Und so verwundert es nicht, dass insbesondere ältere, männliche Richter Rechtsanwältin Jennifer S. Walters in ihrer Gestalt als She-Hulk offen ablehnen und teilweise sogar wegen »ungebührlichen Auftretens«

---

1   Vgl. *Savage She-Hulk* #1, Februar 1980.

des Saales verweisen. Dieses feindselige Verhalten hat seit August 2022 derart zugenommen, dass sich in den sozialen Medien der Begriff des Hulk-Shamings als Bezeichnung für diese rückständige Denkweise etabliert hat. Die Gerichte zeigen sich von jener Kritik jedoch weitgehend unbeeindruckt und verweisen durch ihre Pressesprecher auf die rechtlichen Anforderungen an das äußere Erscheinungsbild eines Rechtsanwaltes. Doch ist dieser Verweis auf die Gesetzeslage berechtigt?

Tatsächlich sind die gesetzlichen Bestimmungen zum optischen Auftreten eines Advokaten überschaubar. So verlangt § 20 der Berufsordnung für Rechtsanwälte lediglich, dass ein Anwalt vor Gericht, soweit dies üblich ist, als Berufstracht die Robe trägt. Dies steht jedoch einem Auftritt einer Rechtsanwältin als She-Hulk nicht entgegen, zumal auch kein einziger Fall bekannt geworden ist, in welchem Rechtsanwältin Walters oder ein anderer She-Hulk mit Anwaltszulassung in einem deutschen Gerichtssaal ohne Robe aufgetreten sind.

Ob über die grundsätzliche Robenpflicht hinaus weitere verbindliche Regelungen hinsichtlich des äußeren Erscheinungsbildes eines Anwaltes bestehen, insbesondere zu der Frage, was ein Advokat unter der Robe zu tragen hat, ist in Rechtsprechung und Literatur umstritten. So wird von einigen Obergerichten die Auffassung vertreten, es ergebe sich jedenfalls aus bundeseinheitlichem Gewohnheitsrecht, dass (männliche) Rechtsanwälte zu der schwarzen Robe auch eine weiße Halsbinde und ein (weißes) Hemd zu tragen hätten, wobei mittlerweile auch farbige Hemden und Krawatten in dezenter Ausführung als angemessen angesehen werden.[1] Dem wird entgegengehalten, der Rechtsanwalt sei in der Anpassung seiner sonstigen Kleidung völlig frei, der gerichtliche Versuch einer Herleitung derartiger Pflichten aus Gewohnheitsrecht sei verfehlt.[2] Letztlich kann dieser Streit jedoch für die Beantwortung der hier maßgeblichen Rechtsfrage unentschieden bleiben, da sich der Vorwurf der Gerichte gegenüber einer als She-Hulk auftretenden Rechtsanwältin nicht auf die Kleidung bezieht, die unter der Robe getragen wird, sondern auf den Körper, der unter der Kleidung getragen wird, die unter der Robe getragen wird. Denn die von Jennifer Walters im Gerichtssaal regelmäßig getragene Kleidung ist nicht zu beanstanden, sondern entspricht den von einigen Obergerichten aufgestellten strengen Kriterien geradezu vorbildlich.

Im Übrigen besteht Einigkeit in Rechtsprechung und Literatur, dass lediglich eine bewusste Herabwürdigung des Gerichts durch das äußere Erscheinungsbild des Rechtsanwaltes unzulässig ist. Ob der Auftritt in Ge-

---

1 Vgl. OLG München, Beschluss vom 14.07.2006, Az.: 2 Ws 679/06 und 2 Ws 684/06, NJW 2006, S. 3079.

2 Vgl. Walter Pielke, *Die Robenpflicht der Rechtsanwälte*, NJW 2007, S. 3251 (3252).

stalt einer She-Hulk als derartige Herabwürdigung angesehen werden kann, ist höchst zweifelhaft. Insoweit darf insbesondere der geschichtliche Hintergrund der anwaltlichen Bekleidungsvorschriften nicht unberücksichtigt bleiben. Bekanntlich führte Friedrich Wilhelm I. im Jahr 1726[1] die Pflicht zum Tragen der Robe für Rechtsanwälte mit der Begründung ein, dass man auf diese Weise »diese Spitzbuben schon von Weitem erkennen und sich vor ihnen hüten kann«.[2] Demnach dient die Kennzeichnung eines Rechtsanwaltes mittels einer auffälligen Robe als Warnung und soll ehrliche und anständige Menschen vor Advokaten schützen – rein geschichtlich betrachtet. Dieser historische Gesichtspunkt der Warn- und Schutzfunktion sollte restliche Zweifel dahingehend, ob es zulässig ist, als She-Hulk vor Gericht zu erscheinen, zum Schweigen bringen. Denn was erregt noch mehr Aufmerksamkeit und kann stärker warnen als eine über zwei Meter große, mehr als dreihundert Kilogramm schwere grüne She-Hulk? Noch dazu mit Anwaltsrobe.

ANMERKUNG:

Der Vollständigkeit halber wird darauf hingewiesen, dass es Rechtsanwältin Jennifer S. Walters unter Berücksich-

---

1 Vgl. Brüggemann, Weyland Bundesrechtsanwaltsordnung: BRAO, 10. Auflage 2020, Rn. 1 zu § 20 Berufsrecht.

2 Vgl. Walter Pielke, *Die Robenpflicht der Rechtsanwälte*, NJW 2007, S. 3251 Fußnote 2 mit weiterem Nachweis.

tigung der höchstrichterlichen Rechtsprechung[1] nicht gestattet ist, ihre Anwaltsrobe mit dem Schriftzug »She-Hulk: Die Anwältin« oder einem anderen Werbeaufdruck zu versehen, auch wenn ihr mittlerweile das Recht an der Namens-Marke rechtskräftig zuerkannt worden ist.[2]

1 Vgl. Bundesgerichtshof, Urteil vom 7.11.2016, Az.: AnwZ (BrfG) 47/15, GRUR 2017, 646.

2 Vgl. *She-Hulk: Die Anwältin*, Staffel 1, Folge 5, 2022.

MUSS DAS
BATMOBIL
ZUM
TÜV?

Was haben ein Cadillac Serie 75 Cabriolet Sedan Baujahr 1939, ein Mercury Convertible Baujahr 1949 und ein Lincoln Futura Baujahr 1955 gemeinsam? Richtig, es waren sämtlich Batmobile. Aber diese Antwort ist zu einfach oder vielmehr: zu oberflächlich. Es waren diese Batmobile, die symbolisch für einen vorbildlichen und absolut integren Superhelden standen. In seinen Anfangszeiten befolgte Batman als gesetzestreuer Bürger jene – auf den ersten Blick vielleicht banalen – Regeln, die das Zusammenleben der Gemeinschaft ermöglichen und erleichtern sollen, insbesondere die Bestimmungen der Straßenverkehrszulassungsordnung. Und deshalb waren der Cadillac Baujahr 1939, der Mercury von 1949 und auch der 1955er Lincoln selbstverständlich von der örtlich zuständigen Zulassungsbehörde geprüft und mit einem amtlichen Kennzeichen versehen worden.[1]

Doch seit jener ruhmreichen Zeit der Sechzigerjahre des vergangenen Jahrhunderts hat sich der Dunkle Ritter verändert – und das nicht gerade zum Guten. Er mag im Inneren immer noch derselbe sein. »Doch was man im Inneren ist, zählt nicht. Das, was wir tun, zeigt, wer wir wirklich sind.«[2] Und manchmal zeigt auch das, was wir nicht tun, wer wir wirklich sind. Im Jahr 1989 hielt es Batman erstmals nicht mehr für notwendig, mit seinem Fahrzeug bei der Zulassungsbehörde vorstellig zu werden und es mit einem amtlichen Kennzeichen versehen zu lassen.[3] Diese auf den ersten Blick nur kleine Nachlässigkeit war tatsächlich der Auftakt einer ganzen Reihe straßenverkehrsrechtlicher Verstöße des Dunklen Ritters, die eine veränderte Einstellung offenbaren. Ihren traurigen Höhepunkt erreichten sie in den massiven Verkehrsstraftaten der Jahre 2005[4] und 2008[5]. Es folgten –

1 Vgl. *Batman und Robin*, 1943 (Cadillac: 5X 587), *Batman*, 1966 (Lincoln: 2F-3567, TP-3567, BT-1, BAT 1).

2 Vgl. Rachel Dawes, *Batman Begins*, 2005.

3 Vgl. *Batman*, 1989.

4 Vgl. *Batman Begins*, 2005.

5 Vgl. *The Dark Knight*, 2008.

unvermeidbar – die anschließenden massiven Ermittlungsverfahren der Strafverfolgungsbehörden gegen den Dunklen Ritter, die zu Batmans zeitweiligem und unfreiwilligem Ruhestand führten. Vom vorbildlichen Bürger und angesehenen Helden zum Kriminellen und verachteten Gesetzlosen ist es eben manchmal nur ein kleiner Weg, nicht weiter als bis zur nächsten Zulassungsbehörde und Hauptuntersuchungsstelle.

Es bleibt zu hoffen, dass sich der Dunkle Ritter wieder seiner hohen Verantwortung als Führer eines Kraftfahrzeuges bewusst wird, die von ihm verwendeten Fahrzeuge bei der Zulassungsstelle anmeldet und die obligatorischen regelmäßigen technischen Prüfungen vornehmen lässt. Einstweilen kann insoweit keine günstige Prognose gestellt werden. Gleichwohl soll an dieser Stelle eine wichtige und naheliegende rechtliche Frage nicht unbeantwortet bleiben:

MUSS DAS BATMOBIL ZUM TÜV?

Es erscheint beinahe schicksalhaft, dass der Beginn der wiederkehrenden technischen Überwachung seinen Ursprung in der Verordnung über die Zulassung von Personen und Fahrzeugen zum Straßenverkehr aus dem Jahr 1938 hat[1] und damit nur ein halbes Jahr älter ist als der

---

1   Vgl. StVZO vom 13.11.1938.

erste Auftritt des Dunklen Ritters.[1] Gemäß § 29 Absatz 1 Straßenverkehrs-Zulassungs-Ordnung muss ein Halter eines zulassungspflichtigen Fahrzeuges die Hauptuntersuchung – umgangssprachlich auch TÜV[2] genannt – in regelmäßigen Zeitabständen auf seine Kosten durchführen lassen. Die jeweiligen Fristen ergeben sich aus Anlage VIII, Abschnitt 2 der Straßenverkehrszulassungsordnung und betragen zwischen zwölf und 36 Monaten. Ob ein Fahrzeug zulassungspflichtig in diesem Sinne ist, bestimmt sich nach der Fahrzeug-Zulassungsverordnung, die grundsätzlich auf Kraftfahrzeuge mit einer bauartbedingten Höchstgeschwindigkeit von mehr als sechs Stundenkilometern anzuwenden ist. Als bauartbedingte Höchstgeschwindigkeit ist die ausschließlich durch Motorkraft erzielte Geschwindigkeit festgelegt.[3] Damit fallen sämtliche bisher benutzten Batmobile – vom Cadillac Baujahr 1939 bis zum Chevrolet-Dodge-Ford aus dem Jahr 2022[4] – grundsätzlich unter diese Verordnung. Etwas anderes gilt übrigens für einige Fahrzeuge von Batmans Widersachern, so zum Beispiel für die geländetaugliche gelbe Ente von Oswald Chesterfield Cobblepot alias

---

1 Vgl. *Detective Comics*, Ausgabe 27, 30.03.1939.

2 Der TÜV – Technischer Überwachungs-Verein – hatte bis in die Achtzigerjahre eine Monopolstellung bei der Durchführung der Hauptuntersuchung.

3 Vgl. Huppertz/Münchner Kommentar zum StVR, 1. Auflage 2016, Rn. 8 zu § 1 FZV.

4 Vgl. *The Batman*, 2022.

Pinguin[1], was jedoch an dieser Stelle nicht abschließend erörtert zu werden braucht.

Dementsprechend hätte Bruce Wayne regelmäßig (auch) mit seinen seit 1989 benutzten Batmobilen zur Hauptuntersuchung vorstellig werden müssen – die Pflicht der vorherigen Zulassung der einzelnen Fahrzeuge versteht sich unter Berücksichtigung der obigen Ausführungen, auf die zwecks Vermeidung von Wiederholungen umfassend Bezug genommen wird, insoweit von selbst.

---

1   Vgl. *Batmans Rückkehr*, 1992.

IST

THORS HAMMER

EIN GEFÄHRLICHES WERKZEUG?

Geschmiedet im Kern eines sterbenden Sternes …«[1] Das trifft auf die wenigstens Werkzeuge zu, die man in einem örtlichen Baumarkt erwerben kann, nicht mal bei Odin … äh … Obi. Die Rede ist natürlich von Mjöllnir, dem Malmer, dem Blitz, dem Thorshammer. Eingesetzt gegen die Eisriesen[2] ebenso wie gegen die Überbleibsel von Hydra und die Ultron-Brigade[3]. Geworfen verfehlt er nie sein Ziel und kehrt wieder in die Hand des Werfers zurück, eine Technik, die man übrigens schon in Odins Speer Gungnir eingebaut hatte – vermutlich, da im Kriegsgetümmel des Schlachtfeldes eine Ortung mittels Handy-App

---

1 Vgl. *Thor*, 2011.

2 Vgl. ebd.

3 Vgl. *Avengers: Age of Ultron*, 2015.

nur suboptimal funktioniert. Mythen und Legenden ranken sich um Mjöllnir, ihn begleiten sagenumwobene Geheimnisse und ungeklärte Fragen, so auch die von Hubert Loki:

IST THORS HAMMER EIGENTLICH EIN GEFÄHRLICHES WERKZEUG?

Tatsächlich liegt dieser Rechtsfrage ein Streit zwischen Juristen zugrunde, der ebenso alt ist und so erbittert geführt wird wie die blutige Fehde zwischen Asen und Eisriesen. Ein Streit, den Studenten der Rechtswissenschaften in der Vorbereitung zum ersten Examen auswendig kennen müssen wie der allsehende Wächter Heimdall den Bifröst. Dieser unzählige Generationen von Juristen beherrschende Zwist betrifft die alles entscheidende Frage: Können gefährliche Werkzeuge im Sinne des § 224 Absatz 1 Nummer 2 Alternative 2 Strafgesetzbuch nur bewegliche Gegenstände sein oder auch unbewegliche? Die einen schreien mit der Wut eines angreifenden Bilbenschweins, es könne keinen Unterschied machen, ob der Ziegelstein gegen den Kopf des Gegners geschlagen werde oder der Kopf des Gegners gegen den in der Mauer verbauten Stein. Die anderen mahnen dem Allvater Odin gleich, diese Auslegung überschreite die Grenzen des natürlichen Sprachempfindens ganz erheblich.

An Mjöllnir droht dieser Streit schier zu verzweifeln. Ist der Thorshammer nur dann ein gefährliches Werkzeug, wenn er von einem Würdigen – neben Thor etwa Mighty Thor[1], Captain America[2] oder Vision[3] – geführt wird, da er in diesem Fall beweglich ist? Und verliert er jene Eigenschaft als gefährliches Werkzeug, wenn ein Nicht-Würdiger einen anderen Nicht-Würdigen gegen ihn stößt, da er dann unbeweglich ist? Und wie war noch mal die Sache mit dem Fahrstuhl?

Es liegt mir fern, die herrlich-blutige Fehde der Rechtsgelehrten an dieser Stelle entscheiden zu wollen, denn sie kann tatsächlich dahingestellt bleiben. Mjöllnir ist nämlich kein gefährliches Werkzeug, sondern eine Waffe im Sinne des § 224 Absatz 1 Nummer 2 Alternative 1 Strafgesetzbuch. Hierunter sind jene Gegenstände zu verstehen, die ihrer Herstellung nach dazu bestimmt sind, auf mechanischem oder chemischem Wege körperliche Verletzungen beizubringen.[4] Zu diesen Waffen zählen auch die sogenannten Kriegs- oder Streithämmer, die bis ins sechzehnte Jahrhundert hinein verwendet wurden, um im Kampf vor allem auch Rüstungen zu durchdringen und gepanzerte Gegner zu verletzen. Mjöllnir ist ohne

---

1 Vgl. *Thor: Love and Thunder*, 2022.

2 Vgl. *Avengers: Endgame*, 2019.

3 Vgl. *Avengers: Age of Ultron*, 2015.

4 Vgl. Schönke/Schröder, Strafgesetzbuch, 30. Auflage 2019, Rn. 4 zu § 224 StGB.

jeden Zweifel ein Kriegshammer. Darauf, dass Kriegs-
hämmer in einer modernen Armee keine Verwendung
mehr finden, kommt es nicht an, zumal gegenwärtig unter Nachhaltigkeitsgesichtspunkten erwogen wird, die
Bundeswehr mit Kriegshämmern auszustatten, die allerdings als Friedens-Sicherungs-Klopfer
bezeichnet werden sollen.

Folglich kann dahingestellt
bleiben, ob Thors Hammer
Mjöllnir ein gefährliches
Werkzeug im Sinne des
Strafgesetzbuches ist.
Er ist jedenfalls eine
Waffe im technischen
Sinn.

DROHT
DOCTOR
STRANGE
DER VERLUST
DER APPROBATION?

Das Leben eines Superhelden ist gefährlich, Verletzungen schwerster Natur gehören zum Berufsalltag. Der Verlust eines Armes (James Buchanan »Bucky« Barnes), eine Querschnittslähmung (James »Rhodey« Rupert Rhodes) und natürlich chronisches Übergewicht (Dr. Bruce Banner) sind nur einige körperliche Folgen der Heldentätigkeit. Aus diesem Grund und weil viele Superhelden nicht über eine ausreichende Krankenversicherung verfügen, war es nur vernünftig, einen Quer-einsteiger in das Team der Avengers aufzunehmen, der auf dem zweiten Bildungsweg zum Superhelden wurde, aber ursprünglich den angesehenen Beruf der Heilkunde er-lernt hat. Gemeint ist natürlich Neurochirurg Dr. Stephen Vincent Strange. Obwohl er nicht unbeträchtliche Start-schwierigkeiten als Superheld hatte – Doctor Strange weigert sich beispielsweise beharrlich, einen Alias-Na-men anzunehmen –, integrierte sich der Arzt und Magier mittlerweile recht zufriedenstellend in das Avengers-Ver-einsleben. Schließlich ließ er sich sogar davon überzeugen, während eines Kampfes auf die etwas ungewöhnli-chen, wenn auch nicht völlig unpassenden Superhelden-Schlachtrufe »Kasse oder Privat?« und »Bitte obenrum freimachen!« zu verzichten.

In jüngster Zeit allerdings häufen sich die Gerüchte, Doctor Strange könne seine feste Rolle als Mediziner der Avengers verlieren, da ihm gegebenenfalls der Verlust der Approbation droht. Dieses Kapitel soll die recht-lichen Hintergründe jener Gerüchte etwas genauer unter-suchen.

Die Approbation. So bezeichnet man die staatliche Ge-nehmigung, die Voraussetzung ist, um den ärztlichen Be-ruf auszuüben.[1] Für die Erteilung der Approbation sind neben einem Studium der Medizin an einer wissen-

---

1   Vgl. § 2 Absatz 1 Bundesärzteordnung.

schaftlichen Hochschule von mindestens 5 500 Stunden und einer Dauer von mindestens sechs Jahren, gewissen Sprachkenntnissen sowie gesundheitlicher Eignung vor allem gewisse charakterliche Eigenschaften zwingend erforderlich.[1] Deshalb wird eine einmal erteilte Approbation widerrufen, wenn sich der Arzt eines Verhaltens schuldig gemacht hat, aus dem sich seine Unwürdigkeit oder Unzuverlässigkeit zur Ausübung des ärztlichen Berufes ergibt.[2] Unwürdigkeit in diesem Sinne liegt vor, wenn er infolge seines Verhaltens nicht mehr die notwendige Integrität und Glaubwürdigkeit, kurz: den guten Ruf besitzt.[3] Hierbei kann nach ganz herrschender Meinung auch ein außerhalb des Berufes liegendes Fehlverhalten die Annahme der Unwürdigkeit oder Unzuverlässigkeit rechtfertigen, beispielsweise extreme Straftaten wie Mord.[4] Diese Ansicht beruht auf der Annahme, dass das sensible Arzt-Patienten-Vertrauensverhältnis bereits dann Schaden nehmen kann, wenn der Patient zum Beispiel erfährt, dass der Internist seines Vertrauens der langjährige Koch-Partner von Dr. Hannibal Lecter ist – mag er sich auch noch so gut mit der Funktion innerer Organe auskennen. Und ihrer Zubereitung in Weißweinsauce.

---

1 Vgl. § 3 Absatz 1 Bundesärzteordnung.

2 Vgl. § 5 Absatz 2 Bundesärzteordnung.

3 Vgl. Bergmann/Pauge/Steinmeyer, Gesamtes Medizinrecht, 3. Auflage 2018, Rn. 2 zu § 3 BÄO.

4 Vgl. ebd.

Dies vorausgeschickt, ist zunächst Doctor Stranges strafrechtlich relevantes Verhalten einer näheren Prüfung zu unterziehen. Sämtliche bekannt gewordenen Fälle der vorsätzlichen, gefährlichen und schweren Körperverletzung sowie des Totschlages waren entweder durch Notwehr gerechtfertigt oder aber bereits deshalb nicht strafbar, weil sie durch die Anwendung von Magie verursacht wurden, was nach der höchstrichterlichen Rechtsprechung kein taugliches Tatmittel ist.[1] Auch das Einfangen der Entität Dormammu in einer Zeitschleife in der dunklen Dimension[2] ist letztlich jedenfalls unter dem Gesichtspunkt des rechtfertigenden Notstandes unbedenklich. Zwar kann auch eine Serie von leichteren Straftaten die Annahme einer Unzuverlässigkeit oder Unwürdigkeit begründen. Die von Wong vermutete rechtswidrige Entfernung diverser Bücher[3] aus der Sammlung der Ältesten der Bibliothek des Kamar-Taj[4] stellt insoweit jedoch keine Diebstahlsserie dar, da Doctor Strange nicht nachzuweisen ist, dass er in der Absicht rechtswidriger Zueignung handelte. Vielmehr muss zu seinen Gunsten angenommen werden, dass er die jeweils entnommenen Bücher lediglich lesen und innerhalb kurzer Zeit wie-

---

1 Vgl. hierzu die obigen Ausführungen in dem Kapitel »Sind unverzeihliche Flüche strafbar?«.

2 Vgl. *Doctor Strange*, 2016.

3 Unter anderem das *Buch von Cagliostro, die Lehre von der Zeit.*

4 Vgl. *Doctor Strange*, 2016.

der zurückgeben wollte, sodass es sich letztlich um eine straflose Gebrauchsanmaßung handeln dürfte.

Schließlich reicht auch der Umstand, dass sich Doctor Strange mit Magie beschäftigt, nicht aus, um ihm die Approbation als Arzt zu entziehen. Die Ausübung von Magie ist nämlich mit dem Berufsbild und dem allgemeinen Verständnis von der Persönlichkeit eines Arztes nicht schlechthin unvereinbar. In diesem Zusammenhang ist von entscheidender Bedeutung, dass sich das Bild des Arztes in der Öffentlichkeit in den letzten Jahrzehnten erheblich verändert hat, und sich Doctor Strange einreiht in eine Linie vielseits begabter Ärzte wie Eckart von Hirschhausen, Ludger Stratman, Omar Sarsam und vielleicht Doktor Mabuse.

MUSS ICH EINEN
SUPERHELDEN-NEBENJOB
ANZEIGEN?

Das Leben eines Superhelden ist nicht nur voller Spannung und Abenteuer, sondern auch voller Luxus, oder? Weit gefehlt. Millionäre wie Bruce Wayne und Tony Stark bilden tatsächlich die Ausnahme. Nach einer repräsentativen Umfrage aus dem Jahr 2021, an der mehr als zweihundert Superhelden teilgenommen haben, leben knapp drei Viertel der Befragten (73,75 %) nur knapp oberhalb der Armutsgrenze, gemessen an dem jährlichen Durchschnittseinkommen ihres jeweiligen Landes bzw. Planeten bzw. Universums. Ursächlich hierfür sind nach den Angaben der Befragten zu den monatlichen Grundausgaben insbesondere die immensen Kosten für die obligatorische Helden-Haftpflichtversicherung. Darüber hinaus sind Superhelden ganz überwiegend in wenig lukrativen, dafür jedoch unauffälligen Berufen beschäftigt, die sich mit ihrer (Neben-)Tätigkeit als Superheld und der Notwendigkeit, unerkannt zu bleiben, gut verbinden lassen. So arbeitet Superman alias Clark Kent als Journalist für den *Daily Star*[1], Spider-Man alias Peter Benjamin Parker als freier Fotograf für den *Daily Bugle*[2] und Black Widow alias Natasha Romanoff als Fleischereifachverkäuferin für die Metzgerei Schulter&Weber.[3]

Mitunter können die Pflichten der Superhelden gegenüber den Arbeitgebern aus ihren bürgerlichen Berufen mit denen aus ihrer (Neben-)Tätigkeit als Beschützer der Menschheit kollidieren, was im schlimmsten Fall auch schon mal vor dem Arbeitsrichter enden kann. Die arbeitsrechtlichen Probleme sind tatsächlich mannigfaltig und in vielen Fällen noch nicht vom Bundesarbeitsgericht abschließend entschieden worden. Auch eine Spezialisierung der Fachanwälte für Arbeitsrecht

---

1 Vgl. *Man of Steel*, 2013.

2 Vgl. *Spider-Man*, 2002.

3 Vgl. … Moment mal! Du hast nicht wirklich geglaubt, dass es hierfür einen Nachweis gibt, oder?!?

auf die besonderen Bedürfnisse der Superhelden kann bisher deutschlandweit nicht beobachtet werden. Deshalb wandte sich Diana P., die sich auf eine Stelle als Kuratorin in einem Museum bewerben möchte, mit folgender Frage an mich:

MUSS ICH EINEN SUPERHELDEN-NEBENJOB ANZEIGEN?

Der Beantwortung dieser Rechtsfrage vorangestellt sei der Hinweis, dass ohne besondere gesetzliche, tarifliche oder einzelvertragliche Beschränkung die Ausübung einer Nebentätigkeit, sei sie entgeltlich oder unentgeltlich, selbstständig oder unselbstständig, grundsätzlich zulässig ist.[1] Ein Arbeitgeber kann nur dann die Unterlassung einer Nebentätigkeit verlangen, wenn er ein berechtigtes Interesse darlegen kann.[2] Dies setzt in aller Regel voraus, dass die Arbeitsleistung des Arbeitnehmers durch die Nebentätigkeit überhaupt beeinträchtigt werden kann. Bisher findet sich in der gesamten arbeitsgerichtlichen Rechtsprechung keine einzige Entscheidung, mit der ein berechtigtes Interesse des Arbeitgebers an der grundsätzlichen Unterlassung jeglicher Superhelden-Nebentätigkeit angenommen wird. Deshalb benötigt eine regelmäßig unentgeltliche Nebentätigkeit als Superheld nach ganz herrschender Meinung grundsätzlich keine Genehmigung des Arbeitgebers.

Allerdings können aus den entsprechenden Tätigkeiten als Beschützer der Menschheit sogenannte Anzeigepflichten gegenüber dem jeweiligen Arbeitgeber resultieren – dies gilt unabhängig von der Frage, ob sie selbstständig

---

1 Vgl. Erfurter Kommentar zum Arbeitsrecht, 23. Auflage 2023, Rn. 829 zu § 611a BGB.

2 Vgl. Erfurter Kommentar zum Arbeitsrecht, 23. Auflage 2023, Rn. 830 zu § 611a BGB.

oder unselbstständig, etwa als Mitglied der Avengers oder der Justice League, ausgeführt werden.

Eine Anzeigepflicht besteht bei einer Beeinträchtigung berechtigter Interessen des Arbeitgebers auch ohne besondere vertragliche Vereinbarung[1], wobei der Arbeitgeber keinen generellen Anspruch darauf hat, alle Nebentätigkeiten seines Arbeitnehmers zu erfahren. Insbesondere kann eine Anzeigepflicht dann entstehen, wenn die Nebentätigkeit zur Nachtzeit ausgeübt wird, da in diesem Fall die ununterbrochene Ruhezeit des § 5 Arbeitszeitgesetz von elf Stunden ganz regelmäßig nicht eingehalten werden kann. Hiervon sind dementsprechend insbesondere solche Superhelden betroffen, die (überwiegend) in der Zeit zwischen 23 Uhr und 6 Uhr[2] tätig werden, wie etwa Daredevil alias Matt Murdock oder auch Nightwing alias Dick Grayson.

Darüber hinaus kann eine Anzeigepflicht sowohl tarifvertraglich als auch durch Individualvertrag ausdrücklich vereinbart werden. Bisher sind die Tarifvertragsparteien allerdings bei der Aufnahme entsprechender Anzeigepflichten bezüglich einer Superhelden-Nebentätigkeit eher zurückhaltend.

---

1   Vgl. Bundesarbeitsgericht, Urteil vom 18.11.1988, Az.: 8 AZR 12/86.

2   Vgl. § 2 Absatz 3 Arbeitszeitgesetz – bei Bäckereien und Konditoreien 22 Uhr bis 5 Uhr.

Bestehen Zweifel darüber, ob die Superhelden-Nebentätigkeit die berechtigten betrieblichen Interessen des Arbeitgebers in erheblicher Weise berühren kann, sollte diese sicherheitshalber dem Arbeitgeber angezeigt werden, um die vertrauensvolle Zusammenarbeit, die Grundlage jeglicher Beschäftigung sein sollte, nicht unnötigerweise zu gefährden.

TEIL 5

BONUSKAPITEL: DARF MAN DIE BUNDESWEHR GEGEN GODZILLA EINSETZEN?

DARF MAN DIE
BUNDESWEHR
GEGEN
GODZILLA
EINSETZEN?

Seit 1954 häufen sich die Sichtungen des Königs der Monster mit dem Familiennamen Godzilla. Mindestens 36 bestätigte Sichtungen können bisher verzeichnet werden, die meisten davon auf japanischem Hoheitsgebiet. Allerdings kann nicht ernsthaft abgestritten werden, dass sich Godzillas Komfortzone seit einigen Jahren nicht mehr nur auf den asiatischen Raum beschränkt, auch wenn die 1998 in New York City erfolgte Beobachtung unter ausgewiesenen Fachleuten nur als unechte Sichtung – sogenanntes GINO[1] – gewertet wird. Es ist daher eine Frage der Zeit, bis Godzilla auf dem Münchener Oktoberfest, am Brandenburger Tor oder beim Kölner Karneval auftaucht. Erfahrungsgemäß ist ein Godzilla-Besuch zwar ein unglaublich beeindruckendes und einmaliges Erlebnis, bedauerlicherweise jedoch mit regelmäßig auftretenden und durchaus als unangenehm empfundenen Begleiterscheinungen verbunden wie der völligen Zerstörung einer Großstadt. Anders ausgedrückt ist ein Besuch des Königs der Monster für viele Menschen auch nicht spaßiger als der Aufenthalt der Verwandtschaft aus dem Sauerland während der Weihnachtstage. Daher sollte man bei aller Sympathie für fünfzig bis einhundertachtzehn Meter große, brüllende Monster mit Hitzestrahlatem auch Verständnis für die zahlreichen Versuche haben, Godzilla freundlich vom zügigen Verlassen bewohnter Gegenden zu überzeugen. Die gegen jene Bestrebungen initiierten Demonstrationen mit dem Slogan »Godzi bleibt!« sind dementsprechend umstritten.

In der Vergangenheit hat es sich allerdings mitunter als leicht problematisch dargestellt, den König der Monster zu vertreiben. Zunächst wurden bekannte und bewährte Methoden angewandt wie zum Beispiel das Opfern einer Jungfrau[2], später auch eher fantasielose, konventionelle

---

1 Godzilla In Name Only – Godzilla nur dem Namen nach.

2 Vgl. *Godzilla*, 1954.

Mittel wie Panzer[1] und Bombardierungen[2]. Naheliegende Taktiken wie der Einsatz von Serum speienden Urwelt-Riesenraupen[3] blieben leider die Ausnahme, glücklicherweise ebenso der grausame, wenn auch äußerst effiziente Einsatz des Oxygen-Zerstörers. Letzteres wohl auch deshalb, weil dessen Erfinder Dr. Serizawa seine Formel verbrannte, kurz bevor er Selbstmord beging.[4]

Angesichts der zugegeben wenig nachhaltigen Versuche, unseren großen und seit seinem fünften Erscheinen im Jahr 1964[5] zunehmend hilfsbereiten Freund zum Fernbleiben eng bebauter Gegenden zu überreden, ist daher zu prüfen, ob notfalls die Bundeswehr gegen Godzilla eingesetzt werden darf.

Gemäß Artikel 87a Grundgesetz dürfen die Streitkräfte und damit die Bundeswehr grundsätzlich nur zur Verteidigung eingesetzt werden. Obwohl die Reichweite des Begriffes in Literatur und Rechtsprechung durchaus umstritten ist, besteht dahingehend Einigkeit, dass eine

---

1 Vgl. *Die Rückkehr des King Kong*, 1962; *Godzilla – Kampf der Sauriermutanten*, 1992.

2 Vgl. *Godzilla kehrt zurück*, 1955; *Godzilla – Die Rückkehr des Monsters*, 1984.

3 Vgl. *Godzilla und die Urweltraupen*, 1964.

4 Vgl. *Godzilla*, 1954. Das Grundkonzept des Oxygen-Zerstörers wurde zwar 2019 erneut verwendet, allerdings mit deutlich geringerer Wirkung, vgl. *Godzilla II: King of the Monsters*.

5 Vgl. *Frankensteins Monster im Kampf gegen Ghidorah*, 1964.

Verteidigung stets einen Angriff *mit Waffengewalt* voraussetzt, der entweder bereits begonnen hat oder unmittelbar bevorsteht und der (jedenfalls mittelbar) einem anderen Staat zugerechnet werden kann.[1] Hieran fehlt es bei einem klassischen Godzilla-Besuch ganz offensichtlich. Weder kann Godzilla einem anderen Staat zugerechnet werden noch ist er selbst eine Waffe in diesem Sinne. Zwar können die Folgen seines Besuches mit denen eines Flächenbombardements oder einer Familienfeier im Sauerland an den Weihnachtstagen gleichgesetzt werden. Dies reicht jedoch nicht aus, um Godzilla als Waffe anzusehen – oder die Verwandtschaft aus Arnsberg. Vielmehr müsste Godzilla gerade ziel- und zweckgerichtet als Waffe eingesetzt werden, was bisher nicht nachgewiesen werden konnte.

Auch ein zum Einsatz der Bundeswehr als Streitkräfte berechtigender innerer Notstand gemäß Artikel 87a Absatz 4 Grundgesetz liegt bei einem herkömmlichen Gastaufenthalt des Königs der Monster nicht vor. Zunächst einmal stellt Godzilla keinen Aufständischen im Sinne des Gesetzes dar. Auch hier ist Voraussetzung, dass derartige Angreifer über eine organisatorisch verfestigte Gliederung und Führungsstruktur verfügen und militärisch bewaffnet sind, also Kampfmittel besitzen

---

1 Vgl. Hömig/Wolff, Grundgesetz für die Bundesrepublik Deutschland, 13. Auflage 2022, Rn. 3 zu Artikel 87a Grundgesetz.

und einsetzen wollen, die üblicherweise zur Ausstattung der Streitkräfte gehören.[1] Diese Voraussetzungen liegen bezüglich eines Godzilla-Besuches nicht vor, zwecks Vermeidung von Wiederholungen kann insoweit auf die obigen Ausführungen Bezug genommen werden.

Zwar könnte man einen Godzilla-Besuch als Naturkatastrophe oder schweren Unglücksfall im Sinne des Artikels 35 Grundgesetz ansehen. Auch dann dürfte die Bundeswehr jedoch nach der einschlägigen Rechtsprechung des Bundesverfassungsgerichtes allenfalls unterstützend und nur ohne den Einsatz spezifisch militärischer Waffen bei Maßnahmen gegen Godzilla mitwirken.[2] Zum Zwecke der Hilfeleistung dürfen die Streitkräfte auch nur solche Hilfsmittel verwenden, die den Polizeikräften der Länder zur Verfügung stehen; militärische Kampfmittel wie die Bordwaffen von Kampfflugzeugen, Panzern oder Schiffen der Kriegsmarine dürfen daher nicht zum Einsatz gebracht werden. Unbedenklich ist demgegenüber der Einsatz von Insektenspray, Schmetterlingskeschern und Fliegenfängern, wobei auf die biologische Abbaubarkeit der entsprechenden Produkte geachtet werden muss.

---

1 Vgl. Hömig/Wolff, Grundgesetz für die Bundesrepublik Deutschland, 13. Auflage 2022, Rn. 16 zu Artikel 87a Grundgesetz.

2 Vgl. insoweit zum Luftsicherheitsgesetz: Bundesverfassungsgericht, Urteil vom 15.02.2006, Az.: 1 BvR 357/05.

Diese rechtlichen Erwägungen sollten dem Gesetzgeber ausreichend Anlass geben, bei nächster Gelegenheit zu diskutieren, ob eine ausdrückliche Ausnahme (Lex Godzilla) für den Einsatz der Streitkräfte bei Besuchen von Riesenmonstern im Grundgesetz geschaffen wird. Und bei Besuchen von Verwandten aus dem Sauerland.

BATMAN, JOKER, DER PATE, MAVERICK
UND ...

Ich habe mich nie bedankt.« »Und das müssen Sie auch nie!«[1]

Allerdings möchte ich es gern. Und deshalb danke ich meinen Kollegen – Anwälten, Richtern und Staatsanwälten –, die sich auf diesen Spaß eingelassen und mich mit

1 Vgl. *Batman Begins*, 2005.

Kritik und Anregungen zu den einzelnen Kapiteln unterstützt haben. Sie haben gezeigt, dass sich auch Juristen die philosophische Frage stellen können:

»Warum denn so ernst?«[1]

Ich danke den vielen Fans und Followern auf meinen Social-Media-Kanälen für ihre ebenso verrückten wie witzigen Rechtsfragen, mit denen sie den Grundstein für dieses Buch gelegt haben. Dafür, dass aus diesem Grundstein, der Idee, ein fertiges Buch geworden ist, danke ich Oskar Rauch, der das Projekt geleitet und betreut hat und stets für die erforderliche Motivation sorgte, indem er sagte:

»Ich mache ihm ein Angebot, das er nicht ablehnen kann.«[2]

Auch wenn dieses Buch viele lebenswichtige Fragen beantwortet, bleiben einige offen: Droht James Bond der Entzug der Fahrerlaubnis? Musste Darth Vader während Corona in der U-Bahn eine Maske tragen? Ist Indiana Jones wegen Störung der Totenruhe zu bestrafen? Daher stellt sich natürlich abschließend die entscheidende Frage: Wird es ein zweites Buch geben?

---

1 Vgl. *The Dark Knight*, 2008.
2 Vgl. *Der Pate*, 1972.

»Weiß ich noch nicht. Bis jetzt sieht's ganz gut aus.«[1]

Und daher schließe ich dieses letzte Kapitel mit den unvergesslichen Worten eines der warmherzigsten und romantischsten Charaktere der Filmgeschichte:

»I'll be back!«[2]

---

1 Vgl. *Top Gun*, 1986.

2 Wer kennt dieses Zitat nicht?!?

Thorsten Schleif, Jahrgang 1980, studierte Rechtswissenschaften in Bonn. Seit 2007 ist er Richter im Dienst des Landes Nordrhein-Westfalen. Er war am Landgericht Düsseldorf und in der Verwaltung des Oberlandesgerichts Düsseldorf tätig. In den Jahren 2014 bis 2019 war er alleiniger Ermittlungsrichter für die Amtsgerichtsbezirke Wesel und Dinslaken. Gegenwärtig arbeitet Schleif als Vorsitzender des Schöffengerichts und Jugendrichter am Amtsgericht Dinslaken. 2019 und 2020 veröffentliche er zwei Sachbücher, es folgten zwei Hörbücher im Jahr 2021, »Richter morden besser« war sein erster Roman. Seit 2016 ist Schleif außerdem als Keynote Speaker tätig. Er lebt mit seiner Frau und den beiden gemeinsamen Kindern in Duisburg.

HABEN SIE DAS GEHÖRT?

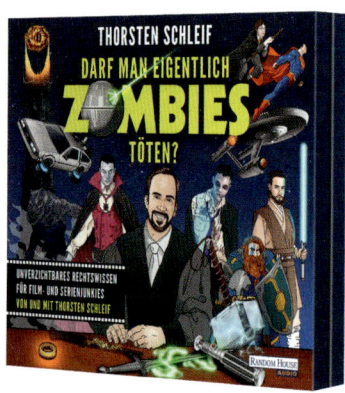

ALS DOWNLOAD UND AUF MP3-CD